旅の便利フレーズ1465

ハレ旅会話

台 湾
中国語

監修 ECC

Contents

i INFORMATION

✦ BEAUTY

📷 TOURISM

本書の使い方

Point!

シチュエーションごとに
完全シミュレーション！

「小籠包オーダー」「茶葉・茶器ショッピング」「足裏マッサージ」など、台湾旅行の中で遭遇するさまざまなシチュエーションごとに会話を掲載。入店から退店までの流れをシミュレーションできます。

Point!

予備知識もバッチリ

各テーマの予備知識をしっかり解説。あらかじめ知識をもっておけば会話もスムーズになります。

Point!

自分の意思が伝わる

左側は自分が発するセリフです。カタカナやひらがなの読みを発音してもよし、指さしてお店の人に見せることもできます。

Point!

発音をカタカナ
またはひらがなで、
声調を記号で表示

中国語の発音はカタカナ、台湾語の発音はひらがなで示しています。また中国語には、声調（四声）と呼ばれる音の上がり下がりがあります。本書ではそれを中国語の読みの上に、5種類の記号を使って表示しています。詳しくはP.15を参照。

こんなときに使える！ 台湾 Taiwan

牛肉麺オーダー
完全シミュレーション

? What is 『牛肉麺』 ニウロウミエン

牛骨スープに日本のうどんに似た麺が入った台湾を代表する麺料理。代表的なスープは、あっさり味の「清燉（チンドゥン）」、ピリ辛味の「紅焼（ホーンシャオ）」、トマト味の「蕃茄（ファンチエ）」の3種類がある。麺の太さや種類も好みでチョイスできる店が多い。

入店

いらっしゃいませ／歓迎光臨。
ホアンイーングアーンリン

何名様ですか？
チィーンウェン ジーウェイ
請問 幾位？

（2人です） **指で示す**

こちらへ座ってください。／お好きな席へどうぞ。
チーン ズオ ジョービエン
請 坐 這邊。／
チーン ズオ ニン シーホアン ダ ウェイズ
請 坐 您 喜歡的 位子。

着席

すみません。
シャオジエ／シエンション
（女性には）小姐／（男性には）先生。

お店の人を呼ぶとき

日本語メニューはありますか？
ヨウ リーウェン ツァイダン マ
有 日文 菜單 嗎？

あります。／ありません。
ヨウ／メイヨウ
有／沒有。

44

Point!

相手の言葉もわかる

何かを尋ねても、相手の返答がわからない…。そんなことがないように、お店側のセリフも掲載。相手が何を言いたいかがわかります。

中国語、ヨミ、日本語訳はECCが監修しております。

Point!

入れ替えラクラク

入れ替え可能な単語を掲載。これで会話の幅が広がります。

Point!

メニュー一覧や数字・時間

ほかのメニューや数字、時間などがまとまったページがすぐ開けるリンク付き。

Point!

インデックスで一発検索

アクティビティごとにインデックスが設けられているので、「したいこと」からページを開けます。

文

あれと同じものをください。
チン ゲイ ウォ ナーガ イーヤンダ
請 給 我 那個 一樣的

近くのテーブルを指さしながら

牛肉麺を2つください。
チン ゲイ ウォ リァンウン ニゥロウミェン
請 給 我 兩碗 牛肉麺

メニュー一覧は ▶P.047

（サイズは）大／小です。
ダーワン／シァオワン
大碗／小碗

スープはどれにしますか？
タン ヤオ ナーイージョン
湯要哪一種？

ピリ辛、マイルド、トマトがあります。
ヨウ ホンシャオ チンドゥン ファンチェ
有 紅燒、清燉 和 蕃茄

ピリ辛にします。
ウォ ヤオ ホンシャオ
我 要 紅燒。

麺はどれにしますか？
ミェンティァオ ヤオ ナーイージョン
麺條 要 哪一種？

細麺、太麺、平麺があります。
ヨウ シーミェン ツゥミェン クァンミェン
有 細麺、粗麺 和 寛麺。

刀削麺　刀削麺　冬粉　春雨　河粉　ライスヌードル
ダオシャオミェン　　　　ドンフェン　　　　ホーフェン

細麺にします。
ウォ ヤオ シーミェン
我 要 細麺。

牛肉麺は馬酔や酢、醤菜、ニンニク、牛脂などのトッピングとも相性がよい。

45

Point!

ハレ旅の1行ネタ

中国語の豆知識や旅行に使えるお得な情報まで、旅がもっと楽しくなる情報を1行でお届け！

その他のコンテンツ

読めば快晴
ハレ旅Study

台湾の文化や習慣を楽しく学べるコラム。知識をもってから行けば、台湾をよりよく理解できます。

☀ **ハレ旅シリーズ共通！**
ハレときどきタビ

ハレくんとタビくんが中国語にチャレンジ！　やりがちな失敗、びっくりポイントをタビくんと学びましょう。

タビくん　　　ハレくん

和 ▷▷▷ 中　単語帳

知りたい単語を日本語から引ける便利な単語帳です。入れ替えや指さしで使えます。

ハレ旅 台北
1,200円（税別）
一緒に使えば旅がもっと快晴に！

エリアを知って攻略せよ！
台北ってこんなとこ

個性豊かなエリアに分けられる台北の街。
それぞれの特色をつかんで行き先を決め、旅の予定を組んでみよう。

ダンシュイホー
淡水河

台北最古の問屋街
😋😋😋 / 🏠🏠

ディーホアジエ
迪化街

乾物や漢方を売るレトロな店が並ぶ一方、古い建物を利用したおしゃれな雑貨店やカフェがあり、ぶらぶら歩きが楽しい街。

大人な雰囲気の繁華街
😋😋😋 / 🏠🏠

ジョーンシャンジャンフージン
中山站附近

大通りにはデパートやドラッグストアが並びにぎやか。路地には台湾発ブランドの店や雰囲気あるカフェが多く、要チェック。

若者の流行発信地
😋😋 / 🏠🏠

シーメンディーン
西門町

「台北の原宿」とも呼ばれるカジュアルな街で、若者が集まる。商業ビルが並び建ち、週末には青空市が開かれる。

鉄道駅がある旅の起点
😋😋😋 / 🏠🏠

タイベイジャンフージン
台北站附近

台北の主要駅とバスターミナルがある交通の要所。周囲に飲食店やショップも多く、歴史的建造物へのアクセスも抜群。

レトロ＆ローカルな街
😋😋😋 / 🏠🏠

ローンシャンスー
龍山寺

歴史ある龍山寺を中心とする、昔ながらの雰囲気が残るエリア。参拝後はゲテモノも味わえる華西街観光夜市へ。

台湾最大の都市が台北。その面積は東京都の約8分の1だが、その中に個性的なエリアが多く集まり、短期滞在では回りきれないほど。ピンポイントで行きたい場所がなければ、ショッピングや食事、観光などの目的によって、訪れるエリアを選んでみるのもいい。

🗣 **日本語OK**
📋 **日本語メニューあり**

日本語OKのスタッフがいる店、日本語メニューがある店の多さを3段階で表示

ハイセンスな店がずらり
🗣 / 📋

フージンジエ
富錦街

松山空港近く、街路樹が美しく爽やかな雰囲気のエリア。クリエイターに人気で、洗練されたカフェやショップが多い。

台北のトレンドが集まる
🗣🗣🗣 / 📋📋

ドーンチュー
東區

センスのいいセレクトショップやカフェが路地裏に点在するおしゃれな街。グルメやナイトライフも充実している。

流行に敏感な若者の街
🗣🗣🗣 / 📋📋

タイベイイーリーンイーフージン
台北101附近

新しい店や施設が続々とオープンする注目のエリア。現代的な高層ビルとレトロな街並みが混在している。

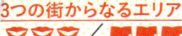

3つの街からなるエリア
🗣🗣🗣 / 📋📋

カーンチーンローン
康青龍

ストリートに沿って店が並び、有名レストランや行列ができる屋台がある。日本統治時代の建物を利用した茶藝館も人気。

大学周辺の学生街
🗣🗣 / 📋

シーダー　ゴーングゥアン
師大・公館

国立台湾大学と台湾師範大学の間の地域で、学生向けの手頃なショップやカジュアルなカフェ、B級グルメの店が多い。

🌿 台湾の面積は日本の九州ほど、人口は約270万人（2016年）で、世界有数の高人口密度となっている。

やりたいコトが
わんさか！

台北の旅、

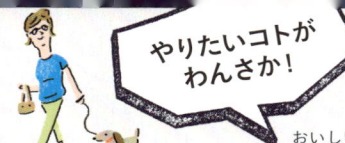

おいしい料理を満喫し、かわいい茶器を手に
台北ではやりたいことがいっぱい。具体的に

🍴 EAT

グルメの街台北では、おいしい料理を存分に味わいたいもの。
食べたいものをあらかじめピックアップして計画的に。

🛒 伝統グッズや食べ物、
手に入れたい

小籠包
シャオローンバオ
小籠包
➡ P.28

台湾名物の代表各で名店多数。スタンダードのほかに変わりダネも

豆漿
ドウジアーン
豆漿
➡ P.52

台湾の朝食の定番。揚げパンとともに味わって

茶葉・茶器
チャーイエ チャージー
茶葉・茶具
➡ P.98

おいしい茶葉とかわいい茶器を上手に選んで旅の記念に

鍋
ホオグオ
火鍋
➡ P.36

辛い火鍋や薬膳鍋、漬物を使った鍋など多種多様。2色の鴛鴦鍋も

夜市
イエシー
夜市
➡ P.66

夜に開く市場。飲食店や生活用品、雑貨などを売る露店が連なる

食材
シーピン
食品
➡ P.102

高級食材のカラスミやドライフルーツが定番のおみやげ

牛肉麺
ニウロウミエン
牛肉麺
➡ P.44

台湾名物の麺。あっさり味からピリ辛、トマト味まで好みに応じて

茶藝館
チャーイーグァン
茶藝館
➡ P.72

専用の茶器で淹れた中国茶を飲める伝統的なカフェ。雰囲気もいい

花布
ホアブー
花布
➡ P.108

かわいい花柄の伝統布でバッグやポーチを仕立ててもらおう

小吃
シャオチー
小吃
➡ P.48

小吃は手軽な一品料理。メニューのない屋台でも上手に注文したい

かき氷
バオビーン
刨冰
➡ P.80

氷を細かく削ってフルーツなどをのせた台湾ならではのスイーツ

ファッション
フージュアーン
服装
➡ P.112

台湾で流行中のファッションアイテムを自分へのごほうびに

どんなことする？

入れて、足裏マッサージでリフレッシュ。
何をしたいかを考えて、無駄のない予定を立てよう。

SHOPPING	✦ BEAUTY	📷 TOURISM
ファッション雑貨など、 のがいろいろ。	マッサージ以外にも、台湾ならではの ユニークな美容法を体験。	博物館や歴史的スポット、郊外の町など、 訪れたい見どころが満載。

マッサージ
アンモー
按摩
➡ P.130

足裏と全身の
マッサージで
体を楽に。ほか
にもさまざま
なメニューが

寺
スーミアオ
寺廟
➡ P.148

台湾独自の発展を遂げた華やかな
寺院で、神様に恋の成就を祈願

占い
ジャンブー
占卜
➡ P.152

台湾で人気の占い。日本語を話す
占い師もいるので気軽にトライ

台湾式シャンプー
シートウ
洗頭
➡ P.136

台湾ならではのユニークな
シャンプーがいい思い出に

国立故宮博物院
グオリーグーゴーンボーウーユエン
國立故宮博物院
➡ P.144

価値ある美術品が一堂に会する世
界的に有名な博物館

変身写真
イーシューンジャオ
藝術照
➡ P.138

思い切りドレスアップして
撮影。思わずモデル気分に

温泉
ウェンチュエン
温泉
➡ P.158

台北近郊に日本人が開いた温泉が
点在し、温泉文化が根付いている

これらのほかに、料理やお菓子作り、マッサージ、語学などの習い事もいろいろできる。

必勝フレーズをひっさげて

台北 **2** 泊 **3** 日

モデルコース

食べ物や見どころ、ショッピングやマッサージなど、
体験したいことがいっぱいの台北。
そんな台北を 200%楽しむためのモデルコースとフレーズをご紹介。

model course 1日目

小籠包&夜市で台北の旅をスタート！

台湾に到着した初日は、
台北の空気に体を慣らす日に！

12:00
松山空港
🚌 MRT
13:00
康青龍

LUNCH

アツアツの小籠包でランチ

まずは台湾の名物・小籠包を味わって、街歩きのエネルギーをチャージ

➡ 小籠包 P.28

> **必勝フレーズ**
> 日本語メニューはありますか？
> ヨウ リーウェン ツァイダン マ
> 有 日文 菜單 嗎？

SHOPPING

永康街でチャイナ雑貨をゲット

かわいい雑貨店が多い永康街をぶらぶら。気になるお店で初ショッピング

➡ ショッピング
基本フレーズ P.96

> **必勝フレーズ**
> いくらですか？
> ドゥオシャオ チェン
> 多少 錢？

CAFE

茶藝館で台湾茶をいただく

茶藝館の趣ある雰囲気にひたりつつ、おいしいお茶でひと息。台湾茶器や茶葉も購入可能

➡ 茶藝館 P.72
➡ 茶葉·茶器 P.98

> **必勝フレーズ**
> これください。
> チーン ゲイ ウォ ジョーゴ
> 請 給 我 這個。

19:00
MRT

士林夜市

DINNER

夜市で地元グルメを食い倒れ

夜には台北最大の士林夜市へGO！
露店が並び、食べ歩きも楽しい

➡ 小吃 P.48
➡ 夜市 P.66

必勝フレーズ
ピリ辛(小辛)にしてください。
ウォ　ヤオ　シャオラー
我 要 小辣。

model course
2 日目

昔懐かしい台北を感じるスポット巡り

2日目は台北に残る昔ながらの見どころや、
最新のリノベスポットをチェック

豆乳が人気の店で朝ごはん

行列ができる人気店で体を
目覚めさせよう

➡ 豆漿 P.52

7:30

台北駅周辺
MRT

BREAKFAST

必勝フレーズ
温かくて甘い豆乳を1杯ください。
チーン　ゲイ　ウォ　イーベイ　ウェンダ　ティエンドウジアーン
請 給 我 一杯 溫的 甜豆漿。

10:00
MRT

中正紀念堂

SIGHTSEEING

中正紀念堂で衛兵交替式を見学

9:00～17:00の毎正時に行
われる。衛兵たちの一糸
乱れぬ動きにうっとり

➡ 観光スポット P.142

SIGHTSEEING
MRT

龍山寺で神様にお願いごと

縁結びから商売、学問などに霊験あらた
かなお寺は、必ず行きたい場所の一つ

➡ 寺 P.148

MRT

必勝フレーズ
写真を撮っても
いいですか？
コーイー　ジャオシャーン　マ
可以 照相 嗎？

LUNCH

手軽でおいしい牛肉麺でさくっとランチ

一度は食べたい牛肉麺。コクのあるスープとお肉、麺のハーモニーを楽しんで

➡ 牛肉麺 P.44

近くのテーブルを指さしながら

SHOPPING

迪化街でショッピング

問屋街で食材をゲットし、話題のリノベスポットでおしゃれ雑貨をチェック

➡ 問屋 P.102

── 必勝フレーズ ──
あれと同じものをください。
チーン ゲイ ウォ ホー ナーゴ イーヤーン ダ
請 給 我 和 那個 一樣 的。

16:00
九份

SIGHTSEEING

レトロな街並みを眺めつつ散策やお茶

かつての炭鉱の町には眺めのいいカフェやおいしいスイーツ、ショップも多い

➡ 台北見どころ
必勝フレーズ
P.144

➡ バスでの移動
P.184

── 必勝フレーズ ──
3つ買うから少し安くしてくれませんか?
ウォ マイ サンゴ コーイー スアン ビエンイー イーディエン マ
我 買 三個 可以 算 便宜 一點 嗎?

20:30
忠孝新生

DINNER

辛い&さっぱり味の火鍋を味わう

ヘルシーな漢方鍋の店で味わう鴛鴦鍋は、箸が止まらないおいしさ!

➡ 火鍋 P.36

── 必勝フレーズ ──
このバスは九份に行きますか?
ジョーゴ ゴーンチョー ホイ ダオ ジウフェン マ
這個 公車 會 到 九份 嗎?

── 必勝フレーズ ──
もう食べられますか?
コーイー チー ラ マ
可以 吃 了 嗎?

22:00
東區

SWEETS

お腹いっぱいでも別腹!のマンゴーかき氷

台湾でぜひ味わいたい名物は、せっかくなら有名店で。冬はあったかスイーツがおすすめ

➡ かき氷 P.80

model course
3日目

あっという間に最終日。
後悔しない1日に！
いよいよ最終日。
帰国のフライト間際まで遊び尽くそう！

7:30
台北駅周辺

MRT

BREAKFAST

アツアツ肉まんで
手軽な朝食を
地元民にも人気の店で、肉まん
と豆乳の朝ごはん
→ 豆漿 P.52

SIGHTSEEING

国立故宮博物院で
キュートなお宝を見学
開館時間に合わせ
て入れば空いて
る。ショップも要
チェック
→ 観光名所 P.144

MRT

12:00
中山國小

LUNCH

中華料理のランチを堪能
台北最後の食事は、贅沢な食材を
使ったちょっと高級な料理を
→ 中華料理 P.40

タクシー

13:30
中山駅周辺

BEAUTY

足裏マッサージや
台湾式シャンプーで
リフレッシュ
帰国前に疲労を取るなら
マッサージ、さっぱりす
るならシャンプーを
→ 足裏マッサージ P.130
→ 台湾式シャンプー P.136

必勝フレーズ♪
これは何人前ですか？
ジョー シー ジーレン フェン ダ
這 是 幾 人 份 的 ？

必勝フレーズ
予約していないのですが、マッサージできますか？
ウォ メイヨウ ユイユエ シエンザイ ノン ズオ アンモー マ
我 沒 有 預 約。現 在 能 做 按 摩 嗎 ？

SHOPPING

パイナップルケーキは
選び抜いたお店で
台湾の名物菓子パイナップ
ルケーキは、評判のいい店を
チェックして手に入れたい
→ おみやげ P.106

MRT

16:30
松山空港

おみやげの
不足分は
空港でゲット
松山空港内でチェック
インの後、心残り
のないようにおみや
げショッピング
→ 空港(出国) P.170

13

まずは基本を知っておこう
台湾の言葉

本書で解説しているのは、主に台湾の公用語である中国語。
このほかにも台湾ではいくつもの言語が話されている。
まずは台湾の言葉と、中国語発音の法則について押さえておこう。

台湾で話されているおもな言葉

小さな島でありながら、先住民と移民が混在し、多くの言語が混在するのが台湾だ。台北のMRTに乗ったら、車内アナウンスに耳を傾けてみよう。4つの言語（中国語、台湾語、客家語、英語）で行われ、台湾で多くの言語が使われていることを実感できるはずだ。

中国語	「國語」とも呼ばれる。台湾の学校教育は中国語で行われ、子どもから大人までほとんどの人が理解する。中国で話される中国語と文法的な違いはないが、細かい言い回しや発音が異なることがある。文字は繁体字を使用。
台湾語	中国・福建省にルーツをもつ人々の言葉。台湾人口の約7割が家庭で話しているといわれ、台湾も南へ行くほど耳にする機会が多くなる。正式な文字はなく、話し言葉として使われる。
客家語	中国・広東省から渡ってきた客家の人々の言葉。おもに客家人の居住地域（山岳地帯であることが多い）で話されている。
原住民の各言語	福建省からの移民が来た17世紀より前から台湾に住んでいた人々の言葉。原住民のうち、政府に認定されているのはアミ族やパイワン族、タイヤル族など16の部族で、それぞれ固有の言語や文化をもっている。
その他	上記の各言語のほか、1895年から1945年までの日本統治時代に日本語教育が行われたため、高齢者の中にはいまも日本語を話す人がいる。

♪ ♫ 你好 好吃 ♪ ♫

文字は繁体字

台湾の中国語は漢字で表記され、なかでも繁体字と呼ばれる画数の多い複雑な字体が使われる。例えば「台湾」は、「臺灣」または「台灣」と表記する。中国大陸で使われている簡体字（簡略化された漢字）と異なり、日本語と同じ文字が多く、異なる場合でも日本語漢字に似ていて予測しやすい。日本人にとっては学びやすい文字といえる。

旅行者が比較的よく目にする、日本語漢字と異なる繁体字の例は以下のとおり。

❀ 日本語漢字→繁体字の例 ❀

医 → 醫	塩 → 鹽	鶏 → 雞
会 → 會	体 → 體	図 → 圖
区 → 區	鉄 → 鐵	麺 → 麵
号 → 號	点 → 點	対 → 對

声調と発音について

中国語には音節ごとに「四声」と呼ばれる音の上がり下がり（声調）がある。声調を間違うと通じにくくなるので注意。本書では発音をカタカナで表し、その上に以下の声調記号を表示している。また、台湾語の発音はひらがなで表し、声調記号は表示していない。

 [第一声 —] 高めの音をまっすぐ伸ばす。電話を切られたときの「ツー」という音

 [第二声 ／] 普通の高さの音で始まり語尾を上げる。不満なときの「えーっ」のように

 [第三声 ∨] 普通の高さの音で始まり、下げてから一気に語尾を上げる。がっかりしたときの「あ〜あ」のような感じ

 [第四声 ＼] 高めの音から一気に下げる。カラスが鳴くときの「カー」のように

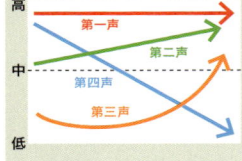

このほかに、軽く短く発音する「軽声（または軽音）」があり、本書では「。」で表している。
なお、台湾で話される中国語は、中国大陸のものに比べて、音の上下の幅が少ない。また軽声でも長めに発音する傾向がある。中国語に特有の巻き舌音も、台湾ではあまり巻かずに発音する。そのため大陸の中国語よりもやわらかな印象となる。

☀ 「你好（ニーハオ）」など第三声が2回続く場合は、最初の音節は第二声に変えて発声する。

基本フレーズ

こんにちは、さようなら、ありがとうなど
最も使う頻度の高い基本フレーズをチェック。
ひと言で覚えやすいものばかりなので
旅行中にもお店などで積極的に使ってみよう!

基本フレーズ 01

あいさつ

「ごはんを食べましたか?」は
様子を尋ねる台湾独特のあいさつ。

こんにちは。
ニーハオ
你好。

おはよう。
ザオアン
早安。

こんばんは。
ウンアン
晩安。

はじめまして。
チューツー ジエンミエン
初次 見面。

お元気ですか?
ニーハオ マ
你好 嗎?

ごはんを食べました
か?(あいさつとして)
チーファンラメイ
吃飯了沒?

食べました。/
まだです。
チーグオ ラ/ハイ メイ
吃過 了。/ 還 沒。

やぁ（ハロー）。
ハールオ
哈囉。

感謝

「謝謝」のあとに
「你（ニー）」を付ける
とより丁寧な感謝の
表現になる。

ありがとう。
シエシエ
謝謝。

どういたしまして。
ブーコーチ
不客氣。

別れ

「バイバイ」は店員が
客に使う場合もあり、
日本より多様な場面
で使われる。

さようなら。
ザイジエン
再見。

バイバイ。
バイバイ
掰掰。

また会いましょう。
シーワン ノン ザイ ジエンミエン
希望 能 再 見面。

またね。
シャツー ジエン
下次 見。

「ごはんを食べましたか？」は「吃飯了嗎（チーファンラマ）」ともいう。

お元気で！
ドゥオ バオジョーン
多 保重！

謝罪

「不好意思」は軽く
謝りたいときにも。
心からのお詫びに
は「對不起」を。

ごめんなさい。
（申し訳ありません。）
ドゥイブーチー
對不起。

すみません。
ブーハオイース
不好意思。

かまいません。
メイ グアンシ
沒 關係。

呼びかけ

声をかける相手が
男性か女性かによって
言い方が変わるので
気を付けよう。

（男女に）すみません。
ブーハオイース
不好意思。

（男性に）すみません！
シエンショーン
先生！

（女性に）すみません！
シャオジエ
小姐！

基本フレーズ_06

はい／
いいえ

勧められた商品を
丁寧に断りたければ
「不要」のあとに
「謝謝」を付けよう。

はい。 シー 是。	いいえ。 ブーシー 不是。

そうです。 ドゥイ 對。	違います。 ブードゥイ 不對。	わかりました。 ドーン／ミーンパイ 懂。／明白。

わかりません。 ブードーン／ブーミーンパイ 不懂。／不明白。	いります。 ヤオ 要。	いりません。 ブーヤオ 不要。

「いりません」には「不需要（ブーシューヤオ）」も。「〜する必要がない」というニュアンスが強い。

愛されフレーズ

中国語には年齢や性別ごとにさまざまな
呼び方がある。親しみを込めて呼んでみよう。
「かわいい！」「すてき！」など、自分の思いを伝える
フレーズやほめ言葉で相手とぐっと仲よく！

愛されフレーズ 01

呼称

「謝謝」のあとに
呼びかけを付ける
と親しみが
こもってグッド！

おじさん
ダーゴー
大哥

おばさん
ダージェ
大姐

おじいさん／おばあさん
あべ／あさん
阿伯／阿桑

子ども
シャオポンヨウ
小朋友

社長、オーナー
ラオバン
老闆

女将さん
ラオバンニアーン
老闆娘

愛されフレーズ 02

感情表現

うれしい気持ちや
味の感想、
相手をほめる言葉
をチェック。

いいね！
ザン
讚！

すごい！
ヘン バーン
很棒！

やったね！
タイ ハオ ラ
太好了！

すてき！
ジェン ハオ
真好！

きれい！
ヘン ピアオリアーン
很漂亮！

かわいい！
ヘン コーアイ
很可愛！

カッコいい！
ヘン シュアイ
很帥！

おいしい！
ヘン ハオチー
很好吃！

うれしい！
ヘン ガオシーン
很高興！

楽しい！
ヘン カイシン
很開心！

愛されフレーズ 03

聞き返し

相手が言った言葉が
聞き取れなかった
ときや驚きを
表現するときに。

えっ？
シェンモ
什麼？

本当ですか？
ジェン ダ マ
真的嗎？

「讚（ザン）」は台湾版Facebookの「いいね！」ボタンにも使われている。

ハレ's advice 　女士は若い女性にはNG

レストランで店員さんを呼ぶとき、台湾ではいく通りもの言い方がある。なかでも「女士」は50歳前後の女性に対して使う敬称で、若い女性への呼びかけに使うと気分を害されることがあるので注意が必要なんだ。迷ったら「你好（ニーハオ）」と呼びかけるのが一番簡単だよ。

🐾 便利な呼びかけ言葉 🐾

女性全般に使える
シャオジエ
小姐

女性店員への呼びかけに最もよく使われる言葉。
※ただし、中国大陸では「ホステスさん」的なニュアンスも含まれるので控えたほうがいい。

男性に呼びかけるとき
シエンショーン
先生

男性への呼びかけとして広く使える。名前の後ろに付けると「〜さん」の意味。日本語の「先生」の意味はない。

男女どちらに使ってもOK
フーウーショーン
服務生

相手が男女どちらでも使える。ただし、飲食店で働く人のみを指し、一般の人やショップ店員などに対しては使用しない。

屋台で使ってみよう
ラオバン
老闆

社長や店長を意味し、屋台などで明らかに経営者とわかる相手に使える。女性は老闆娘（ラオバンニアーン）という。

ハレ旅会話

台湾
中国語

EAT

EAT

基本フレーズ

「好吃（おいしい！）」だけじゃない！ グルメスポットで使えるフレーズをチェックしよう。

空腹に
関する
フレーズ

お腹がすきました。
ウォ オ ラ
我 餓 了。

お腹が
いっぱいです。
チーバオ ラ
吃 飽 了。

温度に
関する
フレーズ

熱いです。
ヘン ターン
很 燙。

ぬるいです。
ヨウディエン ウェン
有 點 溫。

冷たいです。
ヘン ビーン
很 冰。

温めてください。
チーン ジア ロア
請 加 熱。

ちょうどいいです。
ガーンガーン ハオ
剛 剛 好。

味に
関する
フレーズ

おいしい！
ヘン ハオチー
很 好吃！

とても
おいしい！
ジェン ハオチー
真 好吃！

おいしくないです。
ブー ハオチー
不 好吃。

あまりおいしくないです。
ブータイ ハオチー
不太 好吃。

おいしそうですね。
カンチーライ ヘン ハオチー ダ ヤーンズ
看起來 很 好吃 的 樣子。

辛いですか？
ラーブーラー
辣不辣？

しょっぱいです。
ヘン シエン
很 鹹。

酸っぱいです。
ヘン スアン
很 酸。

甘いです。
ヘン ティエン
很 甜。

油っぽいです。
ヘン ヨウニー
很 油膩。

苦いです。
ヘン クー
很 苦。

レストラン予約
完全シミュレーション

? What is

『レストラン予約』

台湾旅行最大のお楽しみといえば、やっぱり食事！ でも、人気店は飛び込みだと長時間待たされてしまうことも。現地の人はレストラン を予約するのが一般的。日本語のできる店員さんも多いので、ここで基本フレーズを押さえて、勇気を出して電話してみよう！

 予約

もしもし、○○ですか？
ウェイ　チーンウェン　シー　○○　マ
喂，請問 是 ○○ 嗎？

日本語できる人はいますか？
ヨウ　ホイ　シュオ　リーウェン　ダ　レン　マ
有 會 說 日文 的 人 嗎？

予約をしたいのですが。
ウォ　シャーン　ディーン　ウェイズ
我 想 訂 位子。

明日の午後6時に2人です。
ミーンティェン　ワンシャーン　リュウディェン　リアーンウェイ
明天 晚上 6點 兩位。

かしこまりました。
ハオ　ダ
好 的。

すみません、その時間はいっぱいです。
ドゥイプーチー　ナーゴ　シージェン　イージーン　コーマン　ラ
對不起，那個 時間 已經 客滿 了。

何時なら予約できますか？
ジーディェン　ノン　ディーンウェイ
幾點 能 訂位？

午後8時なら空いています。
ワンシャーン　バーディェン　ヨウ　ウェイズ
晚上 8點 有 位子。

じゃあ、その時間でお願いします。
ナーマ ウォ シャーン ディン ナードウン シージエン
那麼，我想訂那段時間。

お名前をお願いします。
チーンウェン ニン グイシーン
請問，您貴姓？

私は○○です。
ウォ シー ○○
我是○○。

質問・要望

ドレスコードはありますか？
ヨウ フージュアーン シャーン ダ シェンジー マ
有服裝上的限制嗎？

個室はありますか？
ヨウ バオシャーン マ
有包廂嗎？

予約を変更したいのですが。
ウォ シャーン ゴーンガイ ディーンウェイ シージエン
我想更改訂位時間。

予約を取り消したいのですが。
ウォ シャーン チューシャオ ディーンウェイ
我想取消訂位。

当日

予約の時間に遅れそうです。
ガンブーシャーン ディーンウェイ シージエン コーノン ホイ ワンダオ
趕不上訂位時間，可能會晚到。

予約した○○です。
ウォ ヨウ ディーンウェイ ミーンズ ジアオ ○○
我有訂位，名字叫○○。

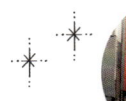

こちらへどうぞ。
チーン ジン
請進。

☀ 大都市の街なかにはコンセプトに凝ったレストランも多い。味はもちろんインテリアなども楽しめる。

小籠包オーダー
完全シミュレーション

? What is

シャオローンバオ
『小籠包』

世界的に名の知れた超有名店から、長年愛される庶民的な店舗まで、多数存在する小籠包店。野菜、肉、あんこなどの餡の種類や、サイドメニューが充実している店も多い。食べるときに中から飛び出すアツアツの肉汁も、レンゲを上手に使って堪能しよう！

入店

いらっしゃいませ。
ホアンイーングアーンリン
歡迎光臨。

予約はされていますか?
チーンウェン ヨウ ユィユエ マ
請問 有預約 嗎?

はい。／いいえ。
ヨウ／メイヨウ
有。／沒有。

何名様ですか?
チーンウェン ジーウェイ
請問 幾位?

（2人です） **指で示す**

こちらへ座ってください。
チーン ズオ ジョーピエン
請 坐 這邊。

お好きな席へどうぞ。
チーン ズオ ニン シーホアン ダ ウェイズ
請 坐 您 喜歡 的 位子。

満席です。
コーマン
客滿。

どのくらい待ちますか？
ヤオ ドン ドゥオジウ
要 等 多久？

10分くらいです。
シーフェンジョーン ズオヨウ
10分鐘 左右。

ウーフェンジョーン		サンシーフェンジョーン	
5分鐘	5分	30分鐘	30分
シーウーフェンジョーン		イーシャオシー	
15分鐘	15分	1小時	1時間

じゃあ、待ちます。／またにします。
ナーモ ウォ ヤオ ドン／
那麼，我 要 等。／
シャツー ザイライ
下次 再來。

着席

日本語メニューはありますか？
ヨウ リーウェン ツァイダン マ
有 日文 菜單 嗎？

あります。／ありません。
ヨウ／メイヨウ
有。／沒有。

注文

すみません。
シャオジエ／シエンション
（女性には）小姐。／（男性には）先生。

お店の人を呼ぶとき

おすすめの小籠包はどれですか？
トゥイジエン ダ シャオローンバオ シー ナーゴ
推薦 的 小籠包 是 哪個？

これは何個入りですか？
ジョーゴ リーミエン ヨウ ジーゴ
這個 裡面 有 幾個？

5個入りです。
ヨウ ウーゴ
有 五個。

リュウゴ		バーゴ		シーゴ	
六個	6個	八個	8個	十個	10個

中に何が入っていますか？
ジョーゴ リーミエン バオ シェンモ
這個 裡面 包 什麼？

豚肉です。
ジューロウ
豬肉。

ジーロウ		シャズ		ホーンドウニー	
雞肉	鶏肉	蝦子	エビ	紅豆泥	あんこ
ジウツァイ		**シエロウ**		**ユィトウ**	
韭菜	ニラ	蟹肉	カニ	芋頭	タロイモ

小籠包以外のおすすめはどれですか？
シャオローンバオ イーワイ トゥイジエン ダ シー ナーゴ
小籠包 以外 推薦 的 是 哪個？

メニュー一覧は P.○

あれと同じものをください。
チーン ゲイ ウォ ホー ナーゴ イーヤーン ダ
請 給 我 和 那個 一樣 的。

近くのテーブルを指さしながら

これください。
チーン ゲイ ウォ ジョーゴ
請 給 我 這個。

オーダーシートを渡す

醤油と酢はどこですか？
ジアーンヨウ ホー ツー ザイ ナーリー
醬油 和 醋 在 哪裡？

ショーンジアーン		ヘイツー		ラーヨウ	
生薑	生姜	黑醋	黒酢	辣油	辣油

ここにあります。／あそこにあります。
ザイ ジョーリー／ザイ ナーリー
在這裡。／在那裡。

お待たせいたしました。小籠包です。
ラーン ニン ジウドン ラ ジョー シー シャオローンバオ
讓您久等了。這是小籠包。

 食べる

取り皿をください。
チーン ゲイ ウォ バンズ
請給我盤子。

チャー 茶	お茶	クアイズ 筷子	箸
ターンチー 湯匙	レンゲ	ワン 碗	おわん

 箸を落としました。
クアイズ ノーン ディアオ ラ
筷子弄掉了。

 これをもう1皿ください。
ジョーゴ チーン ザイ ゲイ ウォ イーバン
這個請再給我一盤。

推薦

 スイーツはありますか?
ヨウ ティエンビン マ
有甜品嗎?

 料理がまだ来ないのですが。
ツァイ ハイ メイライ
菜還沒來。

 これは注文していません。
ウォ メイヨウ ディエン ジョーゴ
我沒有點這個。

 このお皿を片づけてください。
チーン ショウ イーシャ ジョーゴ バンズ
請收一下這個盤子。

 小籠包のおともには「小菜（シャオツァイ）」という小皿料理を。肉、野菜などの料理は1皿30元くらいから。　31

会計

 お会計をお願いします。
マーファン ニー ウォ ヤオ マイダン
麻煩 你 ，我 要 買單 。

 **800元です。**
バーバイユエン
800元。

 クレジットカードは使えますか？
シンヨーンカー コーイー ヨーン マ
信用卡 可以 用 嗎 ？

**はい、使えます。／
いいえ、使えません。**
シーダ コーイー／
是的 ，可以 。／
ブーシーン ブーノンヨーン／
不行 ，不能用 。

 計算が違うようです。
ハオシャーン スアンツオ ラ
好像 算錯 了 。

 領収書をください。
チーン ゲイ ウォ ショウジュー
請 給 我 收據 。

はい、少々お待ちください。どうぞ、こちらです。
ハオダ チーン シャオ ドン イーシャ チーン ショウハオ
好的 ，請 稍 等 一下 。請 收好 。

 小籠包の食べ方

❶ 酢1、醤油3の割合で小皿にタレを作り、針ショウガを入れる。

❷ 酢醤油がからまった針ショウガを、小籠包に適量のせて食べよう。

❸ ヤケドを防ぐには、先に皮をひと口かじってスープを吸うのがコツ。

これください。
チーン ゲイ ウォ ジョーゴ
請 給 我 這個。

指さしながら注文しよう
点心＆サイドメニューカタログ

点心

小籠包
シャオローンバオ
小籠包

カニみそ小籠包
シエホアーンシャオローンバオ
蟹黄小籠包

ヘチマ小籠包
スーグァシャオローンバオ
絲瓜小籠包

水餃子
シュイジアオ
水餃

焼き餃子
ジエンジアオ
煎餃

シュウマイ
シャオマイ
燒賣

焼き肉まん
ショーンジエンバオ
生煎包

タロイモ小籠包
ゥィニーシャオローンバオ
芋泥小籠包

サイドメニュー

シラス卵チャーハン
ぷらひぃダンチャオファン
吻仔魚蛋炒飯

エビ卵チャーハン
シャレンダンチャオファン
蝦仁蛋炒飯

五目チャーハン
シージンチャオファン
什錦炒飯

鶏のスープ
ユエンジョーンドゥンジーターン
圓盅燉雞湯

酸辣湯
スアンラーターン
酸辣湯

青菜の炒め
チャオチーンツァイ
炒青菜

ハマグリとヘチマの蒸し炒め
ジョンゴーリースーグァ
蒸蛤蠣絲瓜

キュウリの冷菜
リアーンバンホアーングァ
涼拌黃瓜

世界的な有名店、鼎泰豐では豊富なサイドメニューも人気。小籠包とともに注文しよう。

メニューの読み方＆調理法

料理を知らなくても、メニュー名の漢字から材料や調理法を想像できるものも多い。
ここではオーダー時に頻出する中国語をご紹介。

メニュー
ツァイダン
菜單

点心
ディエンシン
點心
メイン料理にちょっと
付け足したいサイドメ
ニュー的な存在。

おすすめ
ジャオパイ
招牌
その店の顔ともい
える、一番の人気
メニューのこと。

汁なし／汁あり
ガン／ターン
乾／湯
タレやソースをからめ
る「乾麺」、スープに入
った「湯麺」がある。

菜單

牛肉麺（紅燒／清燉）
牛肉冬粉
意麺（乾／湯）
排骨麺
麺食類・湯類

鍋貼
豆沙包
鮮肉包
點心

牛肉湯麺
小籠包
招牌

グオティエ
鍋貼＝焼き餃子

ドゥシャー
豆沙＝あんこ

ドーンフェン
冬粉＝春雨

150元 150元 150元 150元　　120元 30元 30元　　130元 190元

ピリ辛／マイルド
ホーンシャオ／チーンドゥン
紅燒／清燉
「紅燒」は醤油煮込みの
意味。「清燉」は澄んだ
あっさり味のスープ。

**書き込み式も
メジャー**
オーダーシートに
記入し、店員に渡
して注文する。

**おすすめは
どれですか？**
ニー　トゥイジエン　シェンモ
你 推薦 什麼？

調理方法

料理名を見れば、その調理法がわかるものも多い。
煮込む、強火で炒める、揚げるなど、日本語とは
異なるものも。代表的なものをピックアップ。

揚げる ジャー 炸	炒める チャオ 炒	「炒」より強火で 短時間炒める バオ 爆
あぶる、 ローストする カオ 烤	焼く シャオ 燒	（少量の油で） 揚げ焼きにする ジェン 煎
（弱火で長時間） 煮込む ドゥン 燉	蒸す ジョン 蒸	煮る ジュー 煮
さっと茹でる、 湯がく チャオ 焯	（醤油やタレで） 煮込む ルー 滷	混ぜる、あえる バン 拌

どう料理するとおいしいですか？
ゼンモ　ジュー　ビージアオ　ハオチー
怎麼 煮 比較 好吃？

熱炒や海鮮料理屋で
使ってみよう！

食材

豚を意味する「猪」以外は、日本語で使う
常用漢字と似ていてわかりやすい。ガチョウや
アヒルの肉を用いる料理もポピュラー。

豚肉 ジュー 猪	牛肉 ニウ 牛	鶏肉 ジー 雞	アヒルの肉 ヤー 鴨
ガチョウの肉 オ 鵝	魚 ユイ 魚	野菜 シューツァイ 蔬菜	フルーツ シュイグオ 水果

「魯肉飯」は肉を煮込む料理で本来は「滷肉飯」と書かれるが、同じ音を用いる前者の表記で普及した。

小籠包

火鍋

麺

小吃

ご飯

夜市

カフェ＆スイーツ

その他

火鍋オーダー
完全シミュレーション

? What is 『火鍋』ホオグオ

もとは中国の四川省が発祥の辛みの強い鍋のことだが、台湾では鍋料理全般を指す。あっさり味とピリ辛味など2種のスープが味わえる鴛鴦鍋（おしどり鍋）、小鍋を用いた1人鍋などスタイルも多彩。山椒の効いた辛みが特徴の「麻辣火鍋」は冬も夏も大人気。

入店

何名様ですか？
チーンウェン ジーウェイ
請問 幾位？

（2人です）　**指で示す**

こちらへ座ってください。
チーン ズオ ジョーピエン
請 坐 這邊。

着席

日本語メニューはありますか？
ヨウ リーウェン ツァイダン マ
有 日文 菜單 嗎？

あります。／ありません。
ヨウ／メイヨウ
有。／沒有。

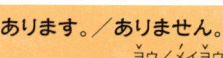
お好きなスープと具材を選んでください。
チーン シュエン シーホアン タ タートウ ホー ホオグオリアオ
請 選 喜歡 的 湯頭 和 火鍋料。

スープは2種類選べますか？
タートウ コーイー シュエン リアンジョーン マ
湯頭 可以 選 兩種 嗎？

はい。鴛鴦鍋にする場合は180元追加になります。
コーイー ユエンヤーングオ タ ホア ヤオ ジュイジア イーバイバーシーユエン
可以。鴛鴦鍋的話要追加180元。

スープには何が入っていますか？
ターントウ リーミエン ヨウ シェンモ
湯頭 裡面 有 什麼？

鴨血と豆腐が入っています。
ヤーシェ ホー ドウフ
鴨血 和 豆腐。

このスープは辛いですか？
ターン ホイ ラー マ
湯 會 辣 嗎？

はい、辛いです。／いいえ、辛くないです。
ホイ ホイ ラー／
會，會辣。／
ブーホイ ブーホイ ラー
不會，不會辣。

注文

すみません。
シャオジエ／シエンショーン
（女性には）小姐。／（男性には）先生。

お店の人を
呼ぶとき

スープは麻辣とトマト味でお願いします。
ウォ ヤオ マーラーターン ホー ファンチェターン
我 要 麻辣湯 和 蕃茄湯。

具材は牛肉と野菜の盛り合わせをください。
ホオ グオ リアオ チーン ゲイ ウォ ニウロウ ホー ゾーンホーチーンツァイ
火鍋料 請 給 我 牛肉 和 総合青菜。

メニュー
一覧は
P.039

飲み物はいかがなさいますか？
インリアオ ヤオ ディエン シェンモ
飲料 要 點 什麼？

梅ジュースをください。
ウォ ヤオ メイズジー
我 要 梅子汁。

コップと小皿をもう1つください。
チーン ザイ ゲイ ウォ イーゴ ベイズ ホー シャオ パンズ
請 再 給 我 一個 杯子 和 小 盤子。

リーズナブルで食べ放題の火鍋店も多く、学生から社会人、家族連れまで人気を集める。

食べる

もう食べられますか?

ゴーイー チー ラ マ
可以 吃 了 嗎?

はい、食べられます。／
いいえ、あと10分煮てください。
ゴーイー ゴーイー チー ラ／
可以，可以 吃 了。／
ハイメイ ザイ ジュー シーフェンジョーン
還沒，再 煮 10分鐘。

タレはあそこにあります。
ジアーンリアオ ザイ ナービエン
醬料 在 那邊。

火を強めてください。

ホオ チーン カイ ダーイーディエン
火 請 開 大 一點。

火を弱めてください。

ホオ チーン グアン シアオイーディエン
火 請 關 小 一點。

火を消してください。

ホオ チーン グアンディアオ
火 請 關掉。

 会計

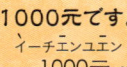

1000元です。
イーチエンユエン
1000元。

クレジットカードは使えますか?

シンヨーンカー ゴーイー ヨーン マ
信用卡 可以 用 嗎?

はい、使えます。／いいえ、使えません。
シーダ ゴーイー／プーシーン プーノンヨーン
是的，可以。／不行，不能用。

またお待ちしています。
ホアンイーンザイライ
歡迎再來。

これください。
チーン ゲイ ウォ ジョーゴ
請 給 我 這個。

指さしながら注文しよう
火鍋カタログ

麻辣火鍋
マーラーホオグオ
麻辣火鍋

唐辛子と山椒が入った辛いスープで野菜や肉を煮込んで食べる。

酢菜白肉鍋
スアンツァイバイロウグオ
酸菜白肉鍋

白菜の漬物と、豚肉やエビなどを具にした酸味の強い鍋。中国東北地方発祥。

魚の団子
ユィワン
魚丸

ハチノス
ニウドゥー
牛肚

湯葉
ドウピー
豆皮

牛肉
ニウロウ
牛肉

豚肉
ジューロウ
豬肉

羊肉
ヤーンロウ
羊肉

エビ
シャズ
蝦子

アサリ
はまあ
蛤仔

トウモロコシ
ユイミー
玉米

チンゲン菜
チーンジアーンツァイ
青江菜

長ネギ
チーンツォーン
青蔥

エノキダケ
ジンジェングー
金針菇

アサリの中国語での発音は「ゴーザイ」だが、台湾語で発音するのが一般的。上記は台湾語の発音だ。

中華料理オーダー
完全シミュレーション

メニュー一覧は P.043

? What is 『中華料理』

上海、北京、四川、広東など、中国大陸各地からやってきた絶品料理が集結する台湾。豚の角煮、北京ダック、麻婆豆腐、飲茶など、中華を代表する美食に、本場の人も舌鼓をうつという有名店も多い。各地の有名料理を食べ歩けるのも台湾ならではの楽しさだ。

注文

名物メニューはどれですか？
ジャオパイツァイ シー ナーイーダオ ツァイ
招牌菜 是 哪一道 菜？

予算は1人800元くらいです。
ユィスアン ダーガイ イーゴレン パーバイユエン ズオヨウ
預算 大概 一個人 800元 左右。

これは何人前ですか？
ジョー シー ジーレン フェン ダ
這 是 幾人 份 的？

2人前**です。**
リアーンレンフェン
兩人份。

サンレンフェン 三人份 3人前	スーレンフェン 四人份 4人前
ウーレンフェン 五人份 5人前	リュウレンフェン 六人份 6人前

これと、これと、これをください。
ウォ ヤオ ジョーゴ ジョーゴ ホー ジョーゴ
我 要 這個、這個 和 這個。

指で示す

あれと同じものをください。
チーン ゲイ ウォ ホー ナーゴ イーヤーン ダ
請 給 我 和 那個 一樣 的。

近くのテーブルを指さしながら

料理の量は足りますか？

<ruby>菜<rt>ツァイ</rt></ruby> <ruby>的<rt>ダ</rt></ruby> <ruby>量<rt>リアーン</rt></ruby> <ruby>夠<rt>ゴウ</rt></ruby> <ruby>嗎<rt>マ</rt></ruby>？

少し多いです。／
もう1品あったほうがいいです。

<ruby>有<rt>ヨウ</rt></ruby><ruby>點<rt>ディエン</rt></ruby> <ruby>多<rt>ドゥオ</rt></ruby>。／

<ruby>再<rt>ザイ</rt></ruby> <ruby>點<rt>ディエン</rt></ruby> <ruby>一<rt>イーダオ</rt></ruby><ruby>道<rt></rt></ruby> <ruby>比<rt>ビージアオ</rt></ruby><ruby>較<rt></rt></ruby> <ruby>好<rt>ハオ</rt></ruby>。

あまり辛くしないでください。

<ruby>請<rt>チーン</rt></ruby> <ruby>不<rt>ブーヤオ</rt></ruby><ruby>要<rt></rt></ruby> <ruby>太<rt>タイ</rt></ruby> <ruby>辣<rt>ラー</rt></ruby>。

紹興酒をください。

<ruby>請<rt>チーン</rt></ruby> <ruby>給<rt>ゲイ</rt></ruby> <ruby>我<rt>ウォ</rt></ruby> <ruby>紹<rt>シャオシーンジウ</rt></ruby><ruby>興<rt></rt></ruby><ruby>酒<rt></rt></ruby>。

<ruby>啤酒<rt>ピージウ</rt></ruby> ビール	<ruby>茶<rt>チャー</rt></ruby> お茶	<ruby>果汁<rt>グオジー</rt></ruby> ジュース

食べる

取り皿をください。

<ruby>請<rt>チーン</rt></ruby> <ruby>給<rt>ゲイ</rt></ruby> <ruby>我<rt>ウォ</rt></ruby> <ruby>盤<rt>パンズ</rt></ruby><ruby>子<rt></rt></ruby>。

<ruby>湯匙<rt>ターンチー</rt></ruby> レンゲ	<ruby>筷子<rt>クァイズ</rt></ruby> 箸
<ruby>碗<rt>ワン</rt></ruby> おわん	<ruby>杯子<rt>ベイズ</rt></ruby> グラス

注文したものがまだ来ません。

<ruby>點<rt>ディエン</rt></ruby><ruby>的<rt>ダ</rt></ruby> <ruby>菜<rt>ツァイ</rt></ruby> <ruby>還<rt>ハイ</rt></ruby> <ruby>沒<rt>メイライ</rt></ruby><ruby>來<rt></rt></ruby>。

小皿を取り換えてください。

<ruby>請<rt>チーン</rt></ruby> <ruby>換<rt>ホアン</rt></ruby> <ruby>小<rt>シャオ</rt></ruby> <ruby>盤<rt>パンズ</rt></ruby><ruby>子<rt></rt></ruby>。

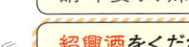

四川料理は「川菜（チュワンツァイ）」、広東料理は「港式（ガーンシー）」と表記されることもある。

ここを拭いてください。
チーン ツァ イーシャ ジョーリー
請 擦 一下 這裡。

テーブルの上を片づけてください。
チーン ショウ イーシャ ジュオミエン
請 收 一下 桌面。

これはあまり火が通っていません。
ジョーゴ ブー タイ シュー
這個 不 太 熟。

もっとタレをください。
ザイ ゲイ ウォ ドゥオ イーディエン ジアーン
再 給 我 多 一點 醬。

お茶のお代わりをください。
チーン ザイ ゲイ ウォ ジアイーディエン チャー
請 再 給 我 加一點 茶。

お会計をお願いします。
マーファン ニー ウォ ヤオ マイダン
麻煩 你，我 要 買單。

テーブルで支払いですか?
ザイ ウェイズ シャーン マイダン マ
在 位子 上 買單 嗎？

> **はい、そうです。／**
> **いいえ、レジでお願いします。**
> シー シーダ
> 是，是的。／
> ブー チーン ザイ グイタイ マイダン
> 不，請 在 櫃台 買單。

領収証をください。
チーン ゲイ ウォ ショウジュー
請 給 我 收據。

ショップカードをください。
チーン ゲイ ウォ ディエン ダ ミーンピエン
請 給 我 店 的 名片。

これください。
ヂーン ゲイ ウォ ヂョーゴ
請 給 我 這個。

指さしながら注文しよう
中華料理カタログ

台湾料理

カニのおこわ
ホーンシュンミーガオ
紅蟳米糕
メスのカニを使い、子孫繁栄を意味する料理。

ぶっとびスープ
フォティアオチアーン
佛跳牆
「修行僧も驚くほど美味」が由来のスープ。

切干大根入り卵焼き
つぁいぽうるん
菜脯蛋
塩気のある卵焼きで、家庭料理の一つ。

炙りカラスミ
カオウーユィズー
烤烏魚子
スライスしてニンニクや大根と一緒に食べる。

茹で鶏肉
パイジャンジー
白斬雞
鶏肉をぶつ切りにし、生姜ダレをかける。

豚の角煮
ルーロウ
魯肉
豚バラ肉の塊を醤油などでやわらかく煮込む。

カキと豆豉のもろみ炒め
いむししお
蔭豉鮮蚵
黒大豆を発酵させた調味料「豆豉」を使う。

シジミの醤油漬け
しらあ
醃蜆仔
生のシジミを醤油、ニンニクで味付けする。

中国料理

北京ダック
ベイジーンカオヤー
北京烤鴨
北京料理の代表格。アヒルを丸ごと焼く。

フカヒレの姿煮
ホーンシャオパイチー
紅燒排翅
広東料理。高級食材のフカヒレを煮込む。

麻婆豆腐
マーボードウフ
麻婆豆腐
日本でもおなじみの四川料理。辛みが強い。

四川風ワンタン
ホーンヨウチャオショウ
紅油抄手
ワンタンに辛いタレをからめて食べる。

四川料理	上海料理
スーチュワンツァイ	シャーンハイツァイ
四川菜	**上海菜**
広東料理	北京料理
グアーンドーンツァイ	ベイジーンツァイ
廣東菜	**北京菜**

レストランの名前には「餐廳（ツァンティーン）」「酒樓（ジウロウ）」「樓（ロウ）」と付くことが多い。

牛肉麺オーダー
完全シミュレーション

? What is

ニウロウミエン
『牛肉麺』

牛骨スープに日本のうどんに似た麺が入った台湾を代表する麺料理。代表的なスープは、あっさり味の「清燉（チーンドゥン）」、ピリ辛味の「紅燒（ホーンシャオ）」、トマト味の「蕃茄（ファンチエ）」の3種類がある。麺の太さや種類も好みでチョイスできる店が多い。

入店

いらっしゃいませ。
ホアンイーングアーンリン
歡迎光臨。

何名様ですか？
チーンウェン　ジーウェイ
請問 幾位？

（2人です）　**指で示す**

こちらへ座ってください。／
お好きな席へどうぞ。
チーン　ズオ　ジョービエン／
請 坐 這邊。／
チーン　ズオ　ニン　シーホアン　ダ　ウェイズ
請 坐 您 喜歡 的 位子。

着席

すみません。
シャオジエ／シエンションー
（女性には）小姐。／（男性には）先生。
お店の人を呼ぶとき

日本語メニューはありますか？
ヨウ　リーウェン　ツァイダン　マ
有 日文 菜單 嗎？

あります。／ありません。
ヨウ／メイヨウ
有。／沒有。

注文

あれと同じものをください。
チーン ゲイ ウォ ホー
請 給 我 和
ナーゴ イーヤーン ダ
那個 一樣 的。

近くのテーブルを
指さしながら

牛肉麺を2つください。
チーン ゲイ ウォ リアーンウン ニウロウミエン
請 給 我 兩碗 牛肉麵。

メニュー一覧は **P.047**

(サイズは)大／小です。
ダーワン／シャオワン
大碗。／小碗。

スープはどれにしますか?
ターン ヤオ ナーイージョーン
湯 要 哪一種 ?

ピリ辛、マイルド、トマトがあります。
ヨウ ホーンシャオ チーンドゥン ホー ファンチエ
有 紅燒、清燉 和 蕃茄。

ピリ辛にします。
ウォ ヤオ ホーンシャオ
我 要 紅燒。

麺はどれにしますか?
ミエンティアオ ヤオ ナーイージョーン
麵條 要 哪一種 ?

細麺、太麺、平麺があります。
ヨウ シーミエン ツーミエン ホー クアンミエン
有 細麵、粗麵 和 寬麵。

ダオシャオミエン		ドーンフェン		ホーフェン	
刀削麵	刀削麵	冬粉	春雨	河粉	ライスヌードル

細麺にします。
ウォ ヤオ シーミエン
我 要 細麵。

🍜 牛肉麺は黒酢や酢、辣油、酸菜、生ニンニク、牛脂などのトッピングとも相性がよい。

先払いですか？
シエン フークアン マ
先付款 嗎？

後払いですか？
ツァンホウ フークアン マ
餐後 付款 嗎？

先払いです。／後払いです。
シエン フークアン ／ ツァンホウ フークアン
先 付款。／餐後 付款。

食べる

お待たせいたしました。牛肉麺です。
ラーン ニン ジゥドン ラ ニゥロウミエン
讓 您 久等 了。牛肉麵。

酸菜を入れるとおいしいですよ。
ジア スアンツァイ ゴン ハオチー オ
加 酸菜 更 好吃 喔。

酸菜はどこにありますか？
スアンツァイ ザイ ナーリー
酸菜 在 哪裡？

ツー		ヘイツー	
醋	酢	黑醋	黑酢
ラーヨウ		ニゥヨウ	
辣油	辣油	牛油	牛脂

あそこにあります。ご自由にどうぞ。
ザイ ナーリー ズーヨウ ナーチュー
在 那裡。自由 拿取。

お会計をお願いします。
マーファン ジエジャーン
麻煩 結帳。

60元です。
リュウシーユエン
60元。

これください。
チーン　ゲイ　ウォ　ジョーゴ
請 給 我 這個。

指さしながら注文しよう

麺料理カタログ

牛肉麺
ニウロウミエン
牛肉麵
牛肉入りの麺。辛い紅焼牛肉麺やトマト入りの蕃茄牛肉麺などがある。

担仔麺
ダンザイミエン
擔仔麵
台南が発祥。エビダシのスープにニンニク、パクチー、酢などが入る。

麺線
ミエンシェン
麵線
カツオダシでとろみのある極細麺料理。やわらかいのでレンゲで食べる。

涼麺
リアーンミエン
涼麵
冷やし麺。ゴマまたは醤油ダレで、キュウリの細切りがのることが多い。

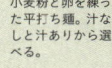

意麺
イーミエン
意麵
小麦粉と卵を練った平打ち麺。汁なしと汁ありから選べる。

ビーフン
ミーフェンターン
米粉湯
ビーフン入りのあっさりとしたスープ。炒めたビーフンもポピュラー。

米苔目
ミータイムー
米苔目
お米で作った麺。つるつるモチモチの食感。

炒麺
チャオミエン
炒麵
焼きそば。野菜、肉、海鮮などと麺を炒める。

ワンタン麺
ホンドゥンミエン
餛飩麵
ワンタンが入った麺。つるっと食べられる。

陽春麺
ヤーンチュンミエン
陽春麵
具なし、もしくはシンプルな具をのせた麺。

ジャージャー麺
ジャージアーンミエン
炸醬麵
肉味噌を太めの麺にからめて食べる。

汁なし麺
ガンミエン
乾麵
汁のない麺。汁ありは湯麺（ターンミエン）。

切仔麺
ちえらーみ
切仔麵
モヤシの入ったシンプルな豚骨塩スープの麺。

1杯／2杯／3杯
イーワン／リアーンワン／サンワン
一碗/兩碗/三碗

😊 「拉麺（ラーミエン）」は日本のラーメンのことではなく、手延べ麺という意味。

小吃オーダー
完全シミュレーション

シャオチー
『小吃』

価格もボリュームも手頃な大衆向けの一品料理、小吃。肉まんや餃子などの粉ものや、麺類、スイーツなどが小吃の代表格。街なかの店舗でイートインするのも楽しいが、小吃店が集結する夜市で食べ歩きをするのも台湾旅行の醍醐味だ。行列必至の有名店も数多い。

入店

こんにちは。
ニーハオ
你好。

いらっしゃいませ。
ホアンイーングアーンリン
歡迎光臨。

何にしますか？
チーンウェン ヤオ ディエン シェンモ
請問 要點 什麼？

日本語メニューはありますか？
ヨウ リーウェン ツァイダン マ
有 日文 菜單 嗎？

あります。／ありません。
ヨウ／メイヨウ
有。 ／ 沒有。

おすすめはどれですか？
トゥイジエン ダ シー ナーイーゴ
推薦 的 是 哪一個？

メニュー
一覧は **P.05**

おかずを指さしながら

これとこれがおすすめです。
トゥイジエン ダ ジョーゴ ホー ジョーゴ
推薦 的 是 這個 和 這個。

注文

それください。
チーン ゲイ ウォ ナーゴ
請 給 我 那個。

割包を2個ください。
チーン ゲイ ウォ リアーンゴ ぐあばお
請 給 我 両個 割包。

イーゴ		サンゴ		スーゴ	
一個	1個	三個	3個	四個	4個

肉の脂身はどうしますか？
ヤオ フェイロウ マ
要 肥肉 嗎？

ありて。／なして。
ヤオ ／ ブーヤオ
要。／ 不要。

パクチーはどうしますか？
ヤオ シャーンツァイ マ
要 香菜 嗎？

パクチーは入れてください。／
パクチーは抜いてください。
ヤオ ジア シャーンツァイ ／
要 加 香菜 ／
ブーヤオ ジア シャーンツァイ
不要 加 香菜。

テイクアウトしますか？
ウァイダイ マ
外帯 嗎？

はい、テイクアウトします。／
いいえ、店内で食べます。
シーダ ヤオ ウァイダイ ／
是的，要 外帯。／
ブーシー ネイヨーン
不是，内用。

会計

お会計をお願いします。
マーファン ニー ウォ ヤオ マイダン
麻煩 你，我 要 買單。

小吃は手頃な朝ごはんとして大人気。テイクアウトして職場で食べる人も多い。

49

会計

合計120元です。
<small>ゾーンゴーン　イーバイアルシーユエン</small>
總共 120元。

（お金を渡す）

支払いは現金オンリーの店が多い

着席

ここに座ってもいいですか？
<small>コーイー　ズオ　ジョーリー　マ</small>
可以 坐 這裡 嗎？

はい、お好きな席に座ってください。／
ここに座ってください。
<small>コーイー　チーン　ズオ　ニン　シーホアン　ダ　ウェイズ</small>
可以，請 坐 您 喜歡 的 位子。／
<small>チーン　ズオ　ジョーリー</small>
請 坐 這裡。

食べる

おいしい！
<small>ヘン　ハオチー</small>
很 好吃！

紙ナプキンはありますか？
<small>ヨウ　ジージン　マ</small>
有 紙巾 嗎？

ゴミ箱はどこですか？
<small>ラーソートーン　ザイ　ナーリー</small>
垃圾桶 在 哪裡？

店を出る

ありがとうございました。
<small>シエシエ</small>
謝謝。

おいしかったです。
<small>ヘン　ハオチー</small>
很 好吃。

これください。
チン ゲイ ウォ ジョーゴ
請 給 我 這個。

指さしながら注文しよう
小吃カタログ

まんじゅう
バオズ
包子
小麦粉の生地で肉などの具を包んだもの。

ネギ餅
ツォーンヨウビーン
蔥油餅
小麦粉の生地にネギや卵を入れて焼いたもの。

胡椒餅
フージアオビーン
胡椒餅
胡椒の効いた肉まんを高温の窯で焼き上げる。

蒸し焼きまんじゅう
シュイジエンバオ
水煎包
小ぶりの肉まんを蒸し焼きにしたもの。

台湾式バーガー
ぐあばお
割包
豚バラ肉などをふかふかの小麦生地でサンド。

魯肉飯
ルーロウファン
魯肉飯
甘辛く煮込んだ豚そぼろ肉をのせた丼飯。

鶏肉飯
ジーロウファン
雞肉飯
裂いた鶏肉をのせ、タレをかけた丼飯。

台湾式ちまき
ロウゾーン
肉粽
もち米を笹で包んだ、肉入りのちまき。

アズキちまき
ドウシャーゾーン
豆沙粽
もち米の中にあんこが入った甘いちまき。

揚げ物
イエンスージー
鹽酥雞
肉やイカ、野菜などさまざまな揚げ物がある。

肉団子揚げ
ばあわん
肉圓
お米の皮で豚肉の餡を包み低温で揚げたもの。

魚のつみれスープ
ユイワンタン
魚丸湯
魚のつみれには豚肉の餡が入っている。

豚足の煮込み
ルージュージアオ
滷豬腳
醤油ベースのタレで豚足をトロトロに煮込む。

大根餅
ルオボーガオ
蘿蔔糕
千切りの大根と片栗粉、米粉を混ぜて焼く。

ニラまん
ジウツァイバオ
韭菜包
ふかふかの生地にニラが入った中華まん。

肉まん
ロウバオ
肉包
ふかふかの生地に豚肉が入った中華まん。

夜市でもさまざまな小吃が食べられる。このほかの小吃はP.69のカタログを参照。

豆漿オーダー
完全シミュレーション

? What is　『豆漿』ドウジアーン

豆漿（豆乳）は、朝ごはんの定番メニュー。味わいはシンプルだが、注文時には、温度（熱い、温かい、冷たい）や味の好みを伝えて自分好みにアレンジできるのがうれしい。砂糖入りが定番だが、塩入りや、無糖のものもある。テイクアウトもできるので飲み歩きも楽しめる。

入店

こんにちは。
ニーハオ
你好。

いらっしゃいませ。
ホアンイーングアーンリン
歡迎光臨。

日本語メニューはありますか？
ヨウ リーウェン ツァイダン マ
有 日文 菜單 嗎？

あります。／ありません。
ヨウ／メイヨウ
有。／沒有。

注文

何にしますか？
チーンウェン ヤオ ディエン シェンモ
請問 要 點 什麼？

おすすめはどれですか？
トゥイジエン ダ シー ナーイーゴ
推薦 的 是 哪一個？

メニュー一覧は　P.055
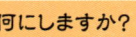

これがおすすめです。
トゥイジエン ダ シー ジョーゴ
推薦 的 是 這個。

それください。
チーン ゲイ ウォ ナーゴ
請 給 我 那個。

店内で食べますか？　テイクアウトしますか？
ディエンネイ　ヨーン　マ　ウイダイ　マ
店內用嗎？　外帶嗎？

店内で食べます。／テイクアウトします。
ネイヨーン／ウイダイ
內用。／外帶。

温かくて甘い豆乳を1杯ください。
チーン　ゲイ　ウォ　イーベイ　ウェンダ　ティエンドウジアーン
請 給 我 一杯 溫的 甜豆漿。

ロァダ　ティエンドウジアーン　　ビーンダ　ティエンドウジアーン
熱的 甜豆漿　熱くて甘い豆乳　　冰的 甜豆漿　冷たくて甘い豆乳

シエンドウジアーン
鹹豆漿　　塩味の豆乳(おぼろ豆腐)

砂糖は入れないでください。／
砂糖は控えめにしてください。
チーン　ブーヤオ　ジアターン／
請 不要 加糖。／
ターン　シャオ　イーディエン
糖 少 一點。

揚げパンも1つください。
ヨウティアオ　イエ　ゲイ　ウォ　イーゴ
油條 也 給 我 一個。

ダンビーン　　　　　　　　　ホウビーンジアダン
蛋餅 台湾式卵クレープ　　厚餅夾蛋 卵焼き入り厚焼き餅

バオビーンヨウティアオ
薄餅油條　パイ生地の揚げパンサンド

会計

合計80元です。
ゾーンゴーン　バーシーユエン
總共 80元。

（お金を渡す）

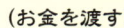

豆漿を注文する際に無糖のものがよい場合は、「無糖（ウーターン）」と言ってみよう。

着席

ここに座ってもいいですか？
コーイー ズオ ジョーリー マ
可以 坐 這裡 嗎？

はい、お好きな席に座ってください。
コーイー チーン ズオ ニン シーホアン ダ ウェイズ
可以，請 坐 您 喜歡 的 位子。

食べる

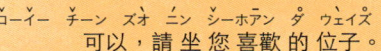料理が席に運ばれてきた

どうぞ。
チーンヨーン
請用。

温かいものを頼んだのですが。／冷たいものを頼んだのですが。
ウォ シー ディエン ウェン ダ／
我 是 點 溫 的。／
ウォ シー ディエン ビーン ダ
我 是 點 冰 的。

紙ナプキンはありますか？
ヨウ ジージン マ
有 紙巾 嗎？

ゴミ箱はどこですか？
ラーソートーン ザイ ナーリー
垃圾桶 在 哪裡？

ソースはどこですか？
ジアーンリアオ ザイ ナーリー
醬料 在 哪裡？

店を出る

ありがとう。
シエシエ
謝謝。

また来てください。
ホアンイーン ザイライ
歡迎再來。

また来ます。
ウォ ホイ ザイライ
我 會 再來。

これください。
チーン ゲイ ウォ ジョーゴ
請 給 我 這個。

EAT

指さしながら注文しよう
朝ごはんカタログ

おにぎり
ファントゥアン
飯糰

お粥
シーファン / ジョウ
稀飯 / 粥

パン
ミエンバオ
麵包

サンドイッチ
サンミンジー
三明治

甘い豆乳
ティエンドウジアーン
甜豆漿

パイ生地の揚げパンサンド
バオビーンヨウティアオ
薄餅油條

塩味の豆乳（おぼろ豆腐）
シエンドウジアーン
鹹豆漿

肉まん
ロウバオ
肉包

台湾式卵クレープ
ダンビーン
蛋餅

モーニングセット
ザオツァンタオツァン
早餐套餐

ハンバーガー
ハンバオ
漢堡

蒸しパン
マントウ
饅頭

トースト
トゥースー
土司

小籠包

火鍋

麵

小吃

ご飯

夜市

カフェ＆スイーツ

その他

外食が一般的な台湾では朝食専門店があり、「早餐店（ザオツァンディエン）」と呼ばれる。

自助餐
完全シミュレーション

? What is

ズージューツァン
『自助餐』

自助餐とは、セルフ式レストランのこと。目の前に並ぶ多種多様なおかずから好きなものを自分で取る方式と、よそってもらう方式がある。最初にトレーを持ち、おかず、ご飯類、スープを取り、最後に会計となる。料金は重さや、おかずの種類、皿の数で決まる。

入店

※よそってもらう方式のお店で

いらっしゃいませ。
ホアンイーングアーンリン
歡迎光臨。

（トレーを取ってカウンターを進む）

おすすめのおかずはどれですか？
トゥイジエン　ダ　ツァイ　シー　ナーイーゴ
推薦的菜是哪一個？

おかずを指さしながら　これとこれがおすすめです。
トゥイジエン　ダ　ツァイ　シー　ジョーゴ　ホー　ジョーゴ
推薦的菜是這個和這個。

注文

それください。
チーン　ゲイ　ウォ　ナーゴ
請給我那個。

メニュー一覧は**P.059**

これください。
チーン　ゲイ　ウォ　ジョーゴ
請給我這個。

おかずを指さしながら

はい、どうぞ。
ハオダ　チーン
好的，請。

ありがとう。
シエシエ
謝謝。

ほかはいりますか？
ハイ ヤオ チーター ダ マ
還要其他的嗎？

スープをください。
チーン ゲイ ウォ ターン
請給我湯。

ご飯の大(小)を1つください。
チーン ゲイ ウォ イーワン バイファン ダー(シャオ) ワン
請給我一碗白飯 大(小) 碗。

空心菜炒めはありますか？
ヨウ チャオコーンシンツァイ マ
有炒空心菜嗎？

鶏肉とカシューナッツの炒め物はありますか？
ヨウ ゴーンバオジーディーン マ
有宮保雞丁嗎？

あります。／ありません。
ヨウ／メイヨウ
有。／没有。

これはいくらですか？
ジョーゴ ドゥオシャオ チエン
這個多少錢？

おかずを
指さしながら

80元です。
バーシーユエン
80元。

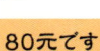

会計

重さやおかずの
数を計算して

180元です。
イーバイバーシーユエン
180元。

あ、お粥も1つ追加してください。
ア イエ ゲイ ウォ イーワン ジョウ
啊，也給我一碗粥。

お茶はありますか？
チャーシュイ ヨウ マ
茶水有嗎？

 自助餐のおかずやご飯は、折り詰めにして弁当として持ち帰ることもできる。

合計200元です。
ゾーンゴーン リアーンバイユエン
總共 200元。

（お金を出す）

どうぞごゆっくり。
チーン マンヨーン
請 慢用。

お皿はどこに返せばいいですか？
バー パンズ ファーンホイ ナーリー ハオ ナ
把 盤子 放回 哪裡 好 呢？

あちらです。／
そのまま置いておいてください。
ナービエン／
那邊。／
ファーンジョー ジウ ハオ
放著 就 好。

ありがとう。
シエシエ
謝謝。

また来てください。
ホアンイーンザイライ
歡迎再來。

自助餐の利用の仕方

① トレーを取ってカウンター前の列に並ぶ。

② おかずを指さして店員さんによそってもらう。または自分で取る。

③ ご飯、スープ類も選び、最後に会計をして席に着く。

これください。
チーン　ゲイ　ウォ　ジョーゴ
請給我這個。

EAT

小籠包

火鍋

麺

小吃

ご飯

夜市

カフェ＆スイーツ

その他

指さしながら注文しよう
自助餐おかずカタログ

トマトと卵の炒め物
ファンチエチャオダン
番茄炒蛋

カキの炒め物
いむしおあ
蔭豉蚵仔

ブロッコリーの炒め物
チーンチャオホアイエツァイ
清炒花椰菜

豚肉の蒸し団子
シーズトウ
獅子頭

鴨の血とモツの煮込み
ウーゴンチャーンワーン
五更腸旺

鶏肉の台湾バジル炒め
サンベイジー
三杯雞

豚足の煮込み
ホーンシャオジュージアオ
紅燒豬腳

鶏肉の唐辛子炒め
ゴーンバオジーディーン
宮保雞丁

豆干のピーナッツあえ
ディーンシャーンチャオホアションドウガン
丁香炒花生豆干

カイランと牛肉の炒め物
ジェランニウロウ
芥蘭牛肉

切干大根入り卵焼き
つぁいぽうるん
菜脯蛋

麻婆豆腐
マーボードウフ
麻婆豆腐

いくら食べても料金が変わらない食べ放題は「吃到飽（チーダオバオ）」という。

熱炒
完全シミュレーション

? What is

ロァチャオ
『**熱炒**』

熱炒とは、台湾式の居酒屋のこと。海鮮類や家庭的な料理をビールとともに味わえる。開放的な露店式の店も多く、毎夜地元っ子で大い

ににぎわっている。オーダーは注文シートでする場合、店頭でする場合などさまざま。ビールは冷蔵庫から自分で取る店も多い。

入店

> いらっしゃいませ。何名様ですか？
> ホアンイーングアーンリン　チーンウェン　ジーウェイ
> 歡迎光臨。請問 幾位？

（2人です）　指で示す

> こちらへ座ってください。／
> お好きな席へどうぞ。
> チーン　ズォ　ジョーピエン／
> 請 坐 這邊。／
> チーン　ズォ　ニン　シーホァン　ダ　ウェイズ
> 請 坐 您 喜歡 的 位子。

外側の席がいいです。／
奥側の席がいいです。
ウォ　ヤォ　ウイミエン　ダ　ウェイズ／
我 要 外面 的 位子。／
ウォ　ヤォ　リーミエン　ダ　ウェイズ
我 要 裡面 的 位子。

着席

日本語メニューはありますか？
ヨウ　リーウェン　ツァイダン　マ
有 日文 菜單 嗎？

メニュー
一覧は　**P.063**

あります。／ありません。
ヨウ／メイヨウ
有。／没有。

すみません。
シャオジエ／シエンショーン
(女性には)小姐。／(男性には)先生。

お店の人を呼ぶとき

おすすめのメニューはどれですか?
ニー トゥイジエン ダ ツァイ シー ナー イーダオ
你 推薦 的 菜 是 哪 一道 ?

メニューを見せながら

エビが食べたいです。
ウォ シャーン チー シャズ
我 想 吃 蝦子。

バンシエ		ホアジー		ユイ	
螃蟹	カニ	花枝	イカ	魚	魚

サンマはいかがですか?
ヤオ ブーヤオ チゥダオユイ
要 不要 秋刀魚 ?

新鮮ですよ。
ヘン シンシエン オ
很 新鮮 喔。

注文

それください。
チーン ゲイ ウォ ナーゴ
請 給 我 那個。

近くのテーブルを指さしながら

あれと同じものをください。
チーン ゲイ ウォ ホー ナーゴ イーヤーン ダ
請 給 我 和 那個 一樣 的。

これください。
チーン ゲイ ウォ ジョーゴ
請 給 我 這個。

オーダーシートを渡す

店内では、各ビールメーカーのキャンペーンガールがビールの注文をとることもある。

食べる

料理がまだ来ないのですが。
ツァイ ハイ メイライ
菜 還 沒來。

お待たせいたしました。
ラーン ニン ジウドン ラ
讓 您 久等 了。

これは注文していません。
ウォ メイヨウ ディエン ジョーゴ
我 沒有 點 這個。

栓抜きはどこですか?
カイ ピン チー ザイ ナーリー
開瓶器 在 哪裡?

グラスをください。
チーン ゲイ ウォ ベイズ
請 給 我 杯子。

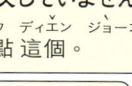
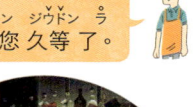

どのビールがおすすめですか?
ナー イージョーン ピージウ シー ニー トゥイジエン ダ
哪 一種 啤酒 是 你 推薦 的?

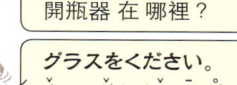

台湾ビールはいかがですか?
ヤオ ブーヤオ タイワンピージウ
要 不要 台灣啤酒?

1本ください。
チーン ゲイ ウォ イーピン
請 給 我 一瓶。

ごめんなさい、もう飲めません。
ドゥイブーチー ウォ ブーノン ザイ ホー ラ
對不起,我 不能 再 喝 了。

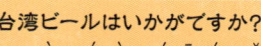

 会計

お会計をお願いします。
マーファン ニー ウォ ヤオ マイダン
麻煩 你,我 要 買單。

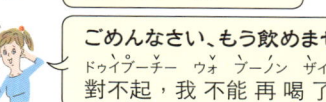

1000元です。
イーチエンユエン
1000元。

> これください。
> チーン ゲイ ヲォ ジョーゴ
> 請 給 我 這個。

指さしながら注文しよう

居酒屋メニューカタログ

お酒・飲み物

ビール
ビージウ
啤酒

マンゴー
ビール
マーングオビージウ
芒果啤酒

パイナップル
ビール
フォンリービージウ
鳳梨啤酒

	コーラ ゴーラ 可樂	ファンタ フェンダー 芬達	サイダー チーシュイ 汽水
ブドウ ビール プータオビージウ 葡萄啤酒	オレンジジュース リュウチョーンジー 柳橙汁	グアバジュース バーラジー 芭樂汁	麦茶 マイチャー 麥茶

料理

空心菜の炒め物
チャオコーンシンツァイ
炒空心菜

インゲンと挽肉の炒め物
ガンビエンスージードウ
干煸四季豆

イカと野菜の炒め物
サンベイジョーンジュエン
三杯中卷

魚の蒸し物
チーンジョンユイ
清蒸魚

卵焼きの甘酢かけ
リアーンバンホーバオダン
涼拌荷包蛋

パイナップル入りエビマヨ
フォンリーシャチウ
鳳梨蝦球

中華レストランでは穀物が原料の「高粱酒（ガオリアーンジウ）」も飲むことができる。

EAT

小籠包

火鍋

麺

小吃

ご飯

夜市

カフェ&スイーツ

その他

63

ハレ旅 Study
読めば快晴

台湾の人と食文化

年中行事や人生のイベントごとにさまざまな食べ物がある

　「吃飯了没？」（ごはんを食べましたか？）。日本人が聞くと不思議に思える、こんなあいさつ言葉が台湾にはある。台湾人は食を大切にする民族で、しっかり食事をとることが、暮らしの中でとても重要なのだ。

　そんな台湾では、昔から人生の節目やイベントの際に食べる行事食の種類が豊富だ。春節（旧正月）に食べる年菜は、縁起をかつぐさまざまな食材を料理したもの。端午節にちまきを食べる風習は、日本にもあるが台湾のほうがずっと盛んだ。中秋節には月餅を贈り、ザボンを食べる。最近では月見をしながら焼き肉をする習慣も定着しつつあるという。

　こうした新旧の行事食には、中国の故事にもとづくもののほかに、意味や音が縁起のいい単語に似ているものが多く、ひとつひとつ見ていくとなかなか楽しい。文化だけでなく言葉の勉強にもなるので、現地で縁起物の食べ物を見かけたら、周りの台湾人に理由を尋ねてみよう。

旧暦の5月5日（毎年5月頃）
ドワンウージエ
【端午節】

川に身を投げた楚の国の政治家屈原を悼み、人々が笹の葉に包んだご飯を川に投げ入れたのが起源。

ちまき
ゾーンズ
粽子

もち米と具を笹の葉に包んで蒸した料理。地方によって具はさまざま

毎年12月
ドーンジー
【冬至】

1年のうちで最も昼が短く、太陽が生まれ変わる日として、旧暦では暦を計算する際の起点とされている。

白玉団子
ターンユエン
湯圓

もち米などの団子を甘いスープで煮たもの。家庭円満を象徴する

旧暦の1月1日（毎年2月頃）

【春節】
チュンジエ

旧暦の正月。家族が集まり、大晦日にあたる日を中心にごちそうを食べる習慣がある。

カラスミ
ウーユイズー
烏魚子

ボラの卵の加工品。春節のみ食卓に上ることが多い高級食材

おせち料理
ニエンツァイ
年菜

魚料理や鍋料理など、春節に食べる縁起のいい料理の総称

大根餅
ルオボガオ
蘿蔔糕

大根を千切りにし、粉や具を混ぜて焼いた料理

お餅
ニエンガオ
年糕

縁起のいい「年高」と発音が同じ。神様にお供えする

旧暦8月15日（毎年9月頃）

【中秋節】
ジョーンチウジエ

春節や端午節と並ぶ三大節句の一つ。月を家族団らんの象徴とみなしお月見をする。

月餅
ユエビーン
月餅

月に見立てた丸い菓子で、中に餡が詰まっている

子どもに加護があるという意味の「佑子」と同じ音

ザボン
ミウズ
柚子

焼肉（お月見焼肉）
カオロウ
烤肉

焼肉のタレを売る会社の広告によって広まった習慣

男の子が生まれるとおこわを配る？

台湾では子どもが生まれたお祝いに、生後1カ月目におこわを配る習慣がある。女の子の場合はケーキを配る。

おこわ
ヨウファン
油飯

もち米を蒸して作る具だくさんのご飯。朝食としても食べられる

☀ 生後1カ月は「彌月（ミーユエ）」。このときに配るおこわは「彌月油飯（ミーユエヨウファン）」と呼ばれる。

夜市
完全シミュレーション

? What is 『夜市』
イエシー

台湾では街のいたるところに夜市があり、毎晩5時頃になると通りに屋台が並び、営業を始める。肉まんや胡椒餅など片手に持って食べ歩きできる小吃から、煮込み料理の「滷味（ルーウェイ）」、独特の香りが特徴の「臭豆腐」など、多様な料理を味わうことができる。

生煎包編
ショーンジェンバオ

注文

これください。
チーン　ゲイ　ウォ　ジョーゴ
請 給 我 這個。

指さしながら

何個ですか？
ヤオ　ジーゴ
要 幾個？

これは肉、こっちは野菜です。
ジョーゴ　シー　ロウ　ジョーゴ　シー　シューツァイ
這個 是 肉，這個 是 蔬菜。

 肉2つ、野菜2つください。
ロウ　リアーンゴ　シューツァイ　リアーンゴ
肉 兩個、蔬菜 兩個。

会計

50元です。
ウーシーユエン
50元。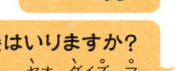

袋はいりますか？
ヤオ　ダイズ　マ
要 袋子 嗎？

 はい、ください。／いりません。
ヤオ　チーン　ゲイ　ウォ　／　ブーヤオ
要，請給我。 ／ 不要。

<ruby>滷味<rt>ルーウェイ</rt></ruby>編

注文

何にしますか？
チーンウェン ヤオ ディエン シェンモ
請問 要 點 什麼？

これと、これと、これをください。
チーン ゲイ ウォ ジョーゴ ホー ジョーゴ ホー ジョーゴ
請 給 我 這個 和 這個 和 這個。

そこのカゴに入れてください。
ファーン ザイ ナーゴ ランズ リー
放 在 那個 籃子 裡。

これは何ですか？
ジョーゴ シー シェンモ
這個 是 什麼？

豚の血（豬血糕）です。
ジューシエ
豬血。

ヤーシエ		ジーシン		ドウフ	
鴨血	鴨の血	雞心	鶏の心臓	豆腐	豆腐
ドウピー		ユイワーン		ガンミエン	
豆皮	湯葉	魚丸	魚のすり身団子	乾麵	乾麺

これください。
チーン ゲイ ウォ ジョーゴ
請 給 我 這個。

キャベツは入れますか？
ヤオ ファーン ガオリーツァイ マ
要 放 高麗菜 嗎？

はい、入れてください。／いいえ、いりません。
ヤオ ヤオファーン／ ブー ブーヤオ
要，要放。／ 不，不要。

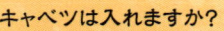

注文

辛くしますか？
ヤオ ラー マ
要辣嗎？

ピリ辛(小辛)にしてください。
ウォ ヤオ シャオラー
我要小辣。

ウェイラー		ジョーンラー	
微辣	やや辛め	中辣	中辛
ブーラー			
不辣	辛くしない		

不辣＜微辣＜小辣＜中辣

テイクアウトですか？
ウィダイ マ
外帶嗎？

食べて行きます。／テイクアウトします。
チーウン ザイ ゾウ ／ ウォ ヤオ ウィダイ
吃完再走。／我要外帶。

会計

120元です。
イーバイアルシーユエン
120元。

この番号を持って待ってください。
チーン ナー ハオマーパイ ドン イーシャ
請拿號碼牌等一下。

受け取り

7番のお客さん〜？
チーハオ コーレン
7號客人？

私です。
シー ウォ
是我。

68

これください。
チーン　ゲイ　ウォ　ジョーゴ
請 給 我 這個。

指さしながら注文しよう
夜市メニューカタログ

臭豆腐
チョウドウフ
臭豆腐

カキのオムレツ
おあちぇん
蚵仔煎

台湾式生春巻き
ルンピーン
潤餅

カキ麺線
おあみそあ
蚵仔麺線

からあげ
イェンスージー
鹽酥雞

おにぎり
ファントアン
飯糰

台湾式おでん（さつまあげ）
ティエンブーラー
甜不辣

ライスホットドッグ
ダーチャンバオシャオチャーン
大腸包小腸

台湾式ソーセージ
シャーンチャーン
香腸

薬膳バイグー
ヤオシャンバイグー
藥膳排骨

ババイヤミルク
ムーグアニウナイ
木瓜牛奶

スイカジュース
シーグアシー
西瓜汁

タビオカのデザート
チーンワーシャダン
青蛙下蛋

フルーツやトマトの水あめ
ターンフールー
糖葫蘆

大判焼き
チョールンピーン
車輪餅

揚げタロイモボール
ジャーディーグアチウ
炸地瓜球

P.51で紹介したネギ餅や胡椒餅などの小吃も夜市の屋台によくあるメニュー。

夜市をトコトン楽しむ！

地元っ子の夜のお楽しみは夜市をそぞろ歩くこと。春夏秋冬季節を問わず、
いつでも大にぎわいのナイトマーケットへくり出そう！

夜市を楽しむためのTIPS！

☑ 行列店に並ぼう！

夜市でも順序を守って並ぶのは必須。地元の人は
客の多い店をおいしさの証と見る。

> **これは
> 何の店ですか？**
> ジョー ジア シー シェンモ ディエン
> 這 家 是 什麼 店？

> **並んでいますか？**
> （列をなしている人に対して）
> チーンウェン ニー ザイ パイドゥイ マ
> 請問 你 在 排隊 嗎？

☑ 8時頃がピークタイム

夕飯に訪れたり、食後に散歩したり、夜のデート
コースとしても曜日を問わずにぎわう。

☑ 右側通行をキープ！

夜市では人の流れに乗って歩くのがルール。歩
く速度も皆ゆっくり。余裕をもって楽しもう。

気を付けよう！

⚠ ゴミは公共の ゴミ箱へ

ゴミは夜市内の収集スポットへ捨
てるか買った店にお願いしよう。

> **ゴミ箱は
> どこですか？**
> ラーソートーン ザイ ナーリー
> 垃圾桶 在 哪裡？

⚠ トイレは済ませて おくのがベター

トイレまで距離が遠い、汚れてい
るなど不便も多いので要注意。

> **トイレは
> どこですか？**
> シーショウジエン ザイ ナーリー
> 洗手間 在 哪裡？

⚠ 混雑時は スリにご注意！

荷物は前に、財布は後ろポケット
に入れないなどの注意は必須。

> **泥棒！**
> シャオトウ
> 小偷！

> **スリです！**
> パーショウ
> 扒手！

台北市内の夜市をチェック！

A 士林夜市
シー リン イエ シー

MRT剣潭駅から徒歩2分

台北の夜市の代表格。B級グルメが集結するフードコートは屋根付きなので雨天でも便利。

A 士林夜市

←桃園空港

✈松山空港

寧夏夜市 C
台北駅
基隆河
饒河街夜市 B

淡水河

F 臨江街夜市

E 師大夜市

D 公館夜市

B 饒河街夜市
ラオ ホー ジエ イエ シー

MRT松山駅から徒歩2分

口コミで人気のグルメ屋台、占い店、リーズナブルな衣服店があり地元っ子にも大人気。

C 寧夏夜市
ニーン シャ イエ シー

MRT雙連駅から徒歩10分

最寄り駅から遠いが夜市グルメを楽しみ尽くすならここへ。屋台が立ち並ぶ様子は圧巻。

D 公館夜市
ゴーン グアン イエ シー

MRT公館駅から徒歩1分

台湾大学に近いため学生たちが多く訪れる。グッズや食もリーズナブルで楽しい雰囲気。

E 師大夜市
シー ダー イエ シー

MRT台電大楼駅から徒歩5分

師範大学の学生寮横にある。迷路のような路地に衣食、雑貨店が点在し老若男女が集う。

F 臨江街夜市
リン ジアーン ジエ イエ シー

MRT信義安和駅から徒歩5分

朝は朝市、夜は夜市でにぎわう地元の生活の中心地。メイン通り以外の店舗も楽しめる。

この近くに夜市はありますか？
フージン ヨウ イエシー マ
附近 有 夜市 嗎？

○○夜市は何番出口ですか？
○○イエシー シー ジーハオ チューコウ ナ
○○夜市 是 幾號 出口 呢？

龍山寺の近くには華西街観光夜市があり、鶏の睾丸やヘビスープなどゲテモノ系の料理が多いことでも知られる。

茶藝館
完全シミュレーション

? What is

チャーイーグアン
『茶藝館』

専用の茶器を使って淹れる台湾茶が味わえる。料金システムは店によって異なり、茶葉代と茶水費と呼ばれるお湯代を払えば何煎でも味わえる場合が多い。築100年近い古民家を改築したおしゃれな店や、ポットにお茶を淹れてサーブするカジュアルな店もある。

入店

予約はされていますか？
チーンウェン ヨウ ユィュエ マ
請問 有 預約 嗎？

はい。／いいえ。
ヨウ ／ メイヨウ
有。／ 沒有。

何名様ですか？
チーンウェン ジーウェイ
請問 幾位？

（2人です）　**指で示す**

お好きな席へどうぞ。
チーン ズオ ニン シーホアン ダ ウェイズ
請坐 您 喜歡 的 位子。

着席

日本語メニューはありますか？
ヨウ リーウェン ツァイダン マ
有 日文 菜單 嗎？

 茶葉一覧は P.101

どのお茶になさいますか？
チーンウェン ニン ヤオ ディエン ナーイーゴ チャー
請問，您 要 點 哪一個 茶？

注文

これください。
チーン ゲイ ウォ ジョーゴ
請 給 我 這個。

指さしながら

72

お茶菓子はどうされますか？
シューヤオ　チャーディエン　マ
需要 茶點 嗎？

このお茶に合うものは何ですか？
ホー　ジョーゴチャー　ダーペイ　ダ　チャーディエン　シー　ナーイージョーン
和 這個茶 搭配 的 茶點 是 哪一種？

これがおすすめです。
トゥイジエン　ジョーゴ
推薦 這個。

それください。
ウォ　ヤオ　ディエン　ジョーゴ
我 要 點 這個。

パイナップルケーキをください。
ウォ　ヤオ　フォンリースー
我 要 鳳梨酥。

お茶うけ一覧は **P.075**

セットメニューはありますか？
ヨウ　タオツァン　マ
有 套餐 嗎？

お茶の淹れ方を教えてください。
チーン　ジアオ　ウォ　ゼンモ　パオチャー
請 教 我 怎麼 泡茶。

お茶を飲む

まずは香りを楽しんでください。
ショウシエン　チーン　ウェンイーウェン　シャーンウェイ
首先，請 聞一聞 香味。

いい香り！
ヘン　シャーン
很 香！

香りの表現は **P.101**

お茶をどうぞ。
チーン　ホー　チャー
請 喝茶。

おいしい！
ハオ　ホー
好 喝！

味の表現は **P.101**

茶葉や茶水費の代わりにサービス料をとる店、最低消費料金が決まっている店などもある。

2杯目は、2分経ったら飲めます。
ディーアル ベイ ジアディエン ロァシュイ ホウ グオ
第二杯，加點 熱水 後 過
リアーンフェンジョーン ジウ コーイー ホーラ
2分鐘 就 可以 喝了。

何かあれば呼んでください。
ニン シューヤオ シェンモ チーン ジアオ ウォ
您 需要 什麼，請 叫 我。

すみません。
シャオジエ／シエンシォーン
(女性には)小姐。／(男性には)先生。

もう一度メニューを見せてください。
チーン ザイ ゲイ ウォ カン イーシャ ツァイダン
請 再 給 我 看 一下 菜單。

お湯を足してください。
チーン ジアディエン ロァシュイ
請 加點 熱水。

お会計をお願いします。
マーファン ジエジャーン
麻煩 結帳。

茶葉、お湯代、お茶菓子の合計で800元です。
チャーイエ ロァシュイ チャーディエン ジアチーライ ゾーンゴーン バーバイユエン
茶葉，熱水，茶點 加起來，總共 800元。

残った茶葉を持ち帰りますか？
メイ ホーウン ダ チャーイエ シャーンヤオ ダイ ホイチュー マ
沒 喝完 的 茶葉，想要 帶回去 嗎？

はい、お願いします。／いいえ、結構です。
シューヤオ シエシエ／ブーシューヤオ シエシエ
需要，謝謝。／ 不需要，謝謝。

これください。
チーン ゲイ ウォ ジョーゴ
請 給 我 這個。

指さしながら注文しよう
お茶うけカタログ

パイナップルケーキ
フォンリースー
鳳梨酥
パイナップルジャムを包んで焼いたクッキーのようなお菓子。

緑豆のらくがん
リュードウガオ
緑豆糕
緑豆粉で作ったらくがん。ほろほろと口溶けがよく素朴な味。

ナツメとクルミの菓子
ナンザオフータオガオ
南棗胡桃糕
ナツメペーストとクルミを合わせたヌガーのような中華菓子。

ドライフルーツ
シュイグオガン
水果乾
果実の甘みがお茶と合う。トマトのドライフルーツも定番。

クッキー
ビーンガン
餅乾
中国ではクッキーとビスケット、どちらも「餅乾」と表記する。

チーズケーキ
ルールオダンガオ
乳酪蛋糕
「蛋糕」はケーキ全般を指す。洋菓子を提供する茶藝館も多い。

How to
茶器の名前を覚えよう

湯のみ
チャーベイ
茶杯
お茶を飲む器。口杯、飲杯と呼ばれることも。

聞香杯
ウェンシャーンベイ
聞香杯
茶香を楽しむための器。茶杯より細長い。

急須
チャーフー
茶壺
お茶を淹れる器。素材は土器や磁器がある。

やかん
シャオシュイフー
燒水壺
沸かした湯を入れるための道具。

茶海
チャーハイ
茶海
茶壺で淹れたお茶をいったんこの器に移してから茶杯に注ぐ。

茶盤
チャーバン
茶盤
お茶を淹れる際にこぼれる湯をキャッチ。

そのほかお茶うけの定番には、かぼちゃの種をローストした「南瓜子（ナングアズー）」などもある。

ドリンクスタンド

完全シミュレーション

? What is 『ドリンクスタンド』

手軽に喉をうるおすなら、街なかでよく見かけるドリンクスタンドへ。緑茶、紅茶、フレッシュジュースなど、さまざまなドリンク類と、タピオカや漢方ゼリーをはじめとした具材との意外な組み合せも楽しめる。街歩きのおともにテイクアウトしてみよう。

注文

こんにちは。
ニーハオ
你好。

ご注文は何にしますか？
ニン ヤオ ディエン シェンモ ナ
您 要 點 什麼 呢？

おすすめはどれですか？
トゥイジエン ダ シー ナーイーゴ
推薦 的 是 哪一個？

これがおすすめです。
トゥイジエン ジョーゴ
推薦 這個。

それをください。
ウォ ヤオ ディエン ジョーゴ
我 要 點 這個。

 メニュー一覧は P.079

タピオカミルクティーを1杯ください。
ウォ ヤオ イーベイ ジェンジューナイチャー
我 要 一杯 珍珠奶茶。

サイズはどうしますか？
ニン ヤオ ナー イーゴ ナ
您 要 哪 一個 呢？

L、M、Sどれにしますか？
ダーベイ ジョーンベイ シャオベイ
大杯，中杯，小杯？

Mでお願いします。
ウォ ヤオ ジョーンベイ
我要中杯。

甘さはどうしますか？
ニン シャーンヤオ シェンモ ティエンドゥー
您想要什麼甜度？

おすすめは微糖です。
トゥイジエン ダ シー ウェイターン
推薦的是微糖。

質問・要望

微糖にしてください。
チーン ゲイ ウォ ウェイターン
請給我微糖。

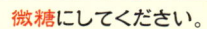

ウーターン		バンターン		シャオターン	
無糖	無糖	半糖	5割	少糖	7割

氷の量はどうしますか？
ビーンクアイ ナ
冰塊呢？

氷は少なめにしてください。
ゲイ ウォ シャオビーン
給我少冰。

ジョンチャーン		チュービーン		チャーンウェン		ロアダ	
正常	標準	去冰	氷なし	常溫	常溫	熱的	ホット

ご注文は以上ですか？
ニン ハイ ヤオ ビエ ダ マ
您還要別的嗎？

これでいいです。／もう1杯頼みます。
ジョーヤーン ジウ ハオ／ウォ ハイ ヤオ イーベイ
這樣就好。／我還要一杯。

MRT内では飲食禁止。ドリンクは店でもらったビニール袋に入れるなどして持ち歩こう。

48元になります。
ジョーヤーン　スーシーバーユエン
這樣 48元。

そちらで少々お待ちください。
チーン　ザイ　ナーピエン　シャオ　ドン　イーシャ
請 在 那邊 稍 等 一下。

受け取り

タピオカミルクティーMサイズの方？
イーベイ　ジョーンベイ　ジェンジューナイチャー　ナー　イーウェイ　ナ
一杯 中杯 珍珠奶茶 哪 一位 呢？

私です。
シー　ウォダ
是 我的。

レシートを見せて
受け取る

頼んだものと違います。
ジョー　ブーシー　ウォ　ディエンダ
這 不是 我 點的。

推薦

ストローを差しますか？
シューヤオ　チャー　シーグアン　マ
需要 插 吸管 嗎？

袋に入れますか？
シューヤオ　ダイズ　ジュアーン　マ
需要 袋子 裝 嗎？

はい、お願いします。／いいえ、結構です。
シューヤオ　シエシエ／ブーシューヤオ　シエシエ
需要，謝謝。／ 不需要，謝謝。

ありがとうございます。
シエシエグアーンリン
謝謝光臨。

ありがとう、バイバイ。
シエシエ　バイバイ
謝謝，掰掰。

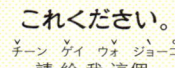
これください。
チーン ゲイ ウォ ジョーゴ
請 給 我 這個。

指さしながら注文しよう
ドリンクスタンドカタログ

甘さ	氷の量
ティエンドゥー 甜度	ビーンクアイ 冰塊

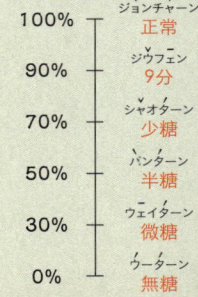

	甘さ		氷の量	
100%	ジョンチャーン 正常	標準	ジョンチャーン 正常	
90%	ジウフェン 9分	少なめ	シャオビーン 少冰	
70%	シャオターン 少糖	なし	チュービーン 去冰	
50%	バンターン 半糖	常温	チャーンウェン 常温	
30%	ウェイターン 微糖	ホット	ロァダ 熱的	
0%	ウーターン 無糖			

タピオカミルクティー
ジェンジューナイチャー
珍珠奶茶

レモン緑茶 フェイツイリューチャー 翡翠緑茶	鉄観音ラテ ティエグァンインナーティエ 鐵觀音拿鐵	アッサムティー アサームーホーンチャー 阿薩姆紅茶	牛乳(フレッシュミルク) シエンナイ 鮮奶
チョコレート チァオコーリー 巧克力	ココア コーゴー 可可	キャラメル ジャオターン 焦糖	梅ジュース メイズジー 梅子汁
ヤクルト ヤーンラードゥオ 養樂多	タピオカ ジェンジュー 珍珠	仙草ゼリー シエンツァオ 仙草	オーギョーチー アイユィ 愛玉
プリン ブーディーン 布丁	ナタデココ イェグオ 椰果	アロエ ルーホイ 蘆薈	バジルシード シャンフェンユエン 山粉圓
パッションフルーツ バイシャーングオ 百香果	グレープフルーツ ブータオヨウ 葡萄柚	オレンジジュース リュウチョンジー 柳橙汁	タロイモ ユィトウ 芋頭

🔸 「外送（ワイソーン）」とは「宅配」の意味。複数杯注文すると希望先へ届けてくれる店もある。

かき氷オーダー
完全シミュレーション

? What is 『台湾式かき氷』

日本でもブームになったボリューム満点の台湾式かき氷。トッピングはマンゴーなどのフルーツやアイスクリーム、アズキや緑豆など

さまざま。カラフルで見た目がにぎやかなのが特徴。氷の食感も店により違い、地元っ子に人気の店舗が続々と登場している。

入店

いらっしゃいませ。
ホアンイーングアーンリン
歡迎光臨。

日本語メニューはありますか？
ヨウ リーウェン ツァイダン マ
有 日文 菜單 嗎？

あります。／ありません。
ヨウ／メイヨウ
有。／沒有。

注文

マンゴーかき氷とイチゴかき氷をください。
チーン ゲイ ウォ マーングオビーン ホー ツァオメイビーン
請 給 我 芒果冰 和 草莓冰。

P.083
かき氷
一覧は

すみません、イチゴかき氷はありません。
ドゥイブーチー メイヨウ ツァオメイビーン
對 不起，沒有 草莓冰。

冬季限定のメニューです。
ジョー シー ドーンジーシエンディーン ダ ビーン
這 是 冬季限定 的 冰。

どのメニューならありますか？
ヨウ ナージョーン ビーン
有 哪種 冰？

イチゴ以外は全てあります。
ツァオメイ イーワイ ダ ドゥ ヨウ
草莓 以外 的 都 有。

おすすめはどれですか？
トゥイジエン　ダ　シー　ナーイーゴ
推薦 的是 哪一個？

これがおすすめです。
トゥイジエン　ジョーゴ
推薦 這個。

それください。
ウォ　ヤオ　ディエン　ジョーゴ
我 要 點 這個。

杏仁かき氷を1つください。
チーン　ゲイ　ウォ　イーゴ　シーンレンビーン
請 給 我 一個 杏仁冰。

杏仁かき氷はトッピングが3種選べます。
シーンレンビーン　コーイー　シュエン　サンジョーン　ペイリアオ
杏仁冰 可以 選 三種 配料。

トッピングは何にしますか？
ヤオ　シュエン　シェンモ　ペイリアオ
要 選 什麼 配料？

白玉、緑豆、仙草ゼリーをください。
チーン　ゲイ　ウォ　ターンユエン　リュードウ　シエンツァオ
請 給 我 湯圓、綠豆、仙草。

トッピング一覧は　P.083

会計

マンゴーかき氷と杏仁かき氷ですね？
シー　マーングオビーン　ホー　シーンレンビーン　ドゥイバ
是 芒果冰 和 杏仁冰 對吧？

合計で400元です。
ゾーンゴーン　スーバイユエン
總共 400元。

別々にお会計できますか？
コーイー　フェンカイ　スアン　マ
可以 分開 算 嗎？

はい、できます。
シーダ　コーイー
是的，可以。

台湾のかき氷はボリュームがある。食べきれないこともあるため、数人でシェアするのもよい。

すみません、できません。
ドゥイプーチー　ブーコーイー
對不起，不可以。

ティッシュはありますか？
ヨウ　ミエンジー　マ
有 面紙 嗎？

紙ナプキンはありますか？
ヨウ　ジージン　マ
有 紙巾 嗎？

スプーンをもう1つもらえますか？
ザイ　ゲイ　ウォ　イーゴ　ターンチー　ハオマ
再 給 我 一 個 湯匙 好嗎？

小皿をもらえますか？
コーイー　ゲイ　ウォ　シャオ　パンズ　マ
可以 給 我 小 盤子 嗎？

お水はどこですか？
シュイ　ザイ　ナーリー
水 在 哪裡？

どうぞごゆっくり。
チーン　マンヨーン
請 慢用。

氷の種類

シュエホアビーン	パオパオビーン	ミエンミエン
雪花冰	泡泡冰	綿綿

口の中に入れるとふわっと溶けてしまうなめらかな食感が特徴。

かき氷というよりも、シャーベットに近い食感が人気。

ふわふわと糸のように細く削った氷にソースをかけて食べる。

これください。
チーン ゲイ ウォ ジョーゴ
請 給 我 這個。

かき氷
バオビーン
刨冰

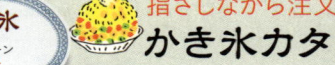

指さしながら注文しよう

かき氷カタログ

マンゴーかき氷
マーングオビーン
芒果冰

八宝かき氷
バーバオビーン
八寶冰

タロイモのかき氷
ユイトウビーン
芋頭冰

白玉アズキミルク氷
ホーンドウターンユエンニウナイビーン
紅豆湯圓牛奶冰

イチゴかき氷
ツァオメイビーン
草莓冰

パイナップルかき氷
フォンリービーン
鳳梨冰

宇治抹茶かき氷
ユイジーモーチャービーン
宇治抹茶冰

杏仁かき氷
シーンレンビーン
杏仁冰

フルーツかき氷
シュイグオビーン
水果冰

トッピング
ペイリアオ
配料

シロップ
ターンシュイ
糖水

フルーツ シュイグオ 水果	**トウモロコシ** ユイミー 玉米	**米の麺** ミータイムー 米苔目	**タピオカ** ジェンジュー 珍珠
白玉 ターンユエン 湯圓	**ピーナッツ** ホアショーン 花生	**アズキ** ホーンドウ 紅豆	**れん乳** リエンルー 煉乳

かき氷やアイスクリームなどの冷たいスイーツを「冰品（ビーンビン）」という。

豆花オーダー
完全シミュレーション

『豆花』
ドウホア

つるんとした食感が特徴の台湾スイーツ「豆花」。素朴で飽きのこない味わいで、冬は温かくして、夏は氷を入れて、さまざまなトッピングと一緒に楽しめる。トッピングの食材は、季節のフルーツ、ピーナッツ、緑豆、ハスの実など、ヘルシー食材も多い。

注文

こんにちは。何にしますか？
ニーハオ ニー ヤオ ディエン シェンモ ナ
你好。你要點什麼呢？

（全部入りの）豆花を1つください。
チーン ゲイ ウォ ゾーンホードウホア イーゴ
請 給 我 綜合豆花 一個。

ここで食べますか？　持ち帰りますか？
ネイヨーン マ ウイダイ マ
內用 嗎？ 外帶 嗎？

トッピングは何にしますか？
ヤオ シュエン シェンモ ペイリアオ
要 選 什麼 配料？

3つ選んでください。
チーン シュエン サンゴ
請 選 三個。

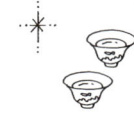

イーゴ		リアーンゴ		スーゴ	
一個	1個	兩個	2個	四個	4個

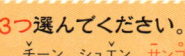

お任せ3種類で。／これと、これと、これをください。
ニー バーン ウォ シュエン サンゴ ／
你 幫 我 選 三種。／
チーン ゲイ ウォ ジョーゴ ホー ジョーゴ ホー ジョーゴ
請 給 我 這個 和 這個 和 這個。

指で示す

トッピング一覧は P.086

ピーナッツ、ハトムギ、タロイモ団子で。
ホアショーン イーレン ユィユエン
花生、薏仁、芋圓。

タロイモ団子は売り切れました。
ユィユエン マイ ウン ラ
芋圓賣完了。

おすすめは何ですか？
ニー トゥイジエン ダ シー シェンモ
你推薦的是什麼？

タピオカです。
ジェンジューフェンユエン
珍珠粉圓。

ではタピオカをください。
ナー ゲイ ウォ ジェンジューフェンユエン
那給我珍珠粉圓。

ハトムギはやめて、緑豆にします。
イーレン ブーヤオ ホアン リュードウ
薏仁不要，換綠豆。

ピーナッツ、緑豆、タピオカでいいですか？
ホアショーン リュードウ ジェンジューフェンユエン ジウ ハオ マ
花生、綠豆、珍珠粉圓就好嗎？

はい、お願いします。
シーダ マーファン ニー ラ
是的，麻煩你了。

会計

55元です。
ウーシーウーユエン
55元。

持ち帰り用に、同じものをもう1つください。
チーン ザイ ゲイ ウォ イーゴ トーンヤーン ダ ウォ シャーン ダイゾウ
請再給我一個同樣的，我想帶走。

はい。そちらで座ってお待ちください。
ハオダ チーン ズオ ザイ ナービエン ドン
好的。請坐在那邊等。

豆花はあっさり味で男性にも人気。食後に豆花店を訪れるカップルの姿も台湾らしい光景。

これください。
チーン ゲイ ウォ ジョーゴ
請 給 我 這個。

指さしながら注文しよう
トッピングカタログ

◆ トッピング ◆

ピーナッツ	アズキ	緑豆
ホアショーン	ホーンドゥ	リュードゥ
花生	**紅豆**	**綠豆**
ピーナッツの甘煮。コクがありほくほくとした食感。	日本より甘さを抑えたタイプのものが多い。	緑豆を甘く煮たもの。くさみやクセがなく食べやすい。

キクラゲ	タロイモ	ハトムギ
バイムーアル	ユィトウ	イーレン
白木耳	**芋頭**	**薏仁**

無味でプリプリ食感がポイント。ノンカロリー。	ネットリした口当たりのタロイモ。素朴で優しい甘さ。	プチプチとした食感が楽しい。定番のトッピング。

仙草ゼリー	サツマイモ	イチゴ
シエンツァオ	ディーグア	ツァオメイ
仙草	**地瓜**	**草莓**

漢方生薬・仙草のゼリー。ほんのり苦味がある。	甘く煮たサツマイモ。台湾産のものは酸味が強め。	フルーツも人気。イチゴは冬季限定の場合が多い。

オオムギ(オートムギ)	インゲン	台湾式わらび餅	黒米
マイピエン	ホアドウ	フェングオ	ズーミー
麥片	**花豆**	**粉粿**	**紫米**
胃腸を整え、健康食品としても人気。	アズキより大ぶりでもちもちした食感。	サツマイモ粉と黒糖で作るプルプルのお餅。	玄米の一種で、ビタミンやカリウムが豊富。

コンニャク	リュウガン	ハスの実	オーギョーチー
ジュールォ	ローンイエン	リエンズー	アイユィ
蒟蒻	**龍眼**	**蓮子**	**愛玉**
弾力がありゼリーのよう。味はクセがない。	果物のリュウガンを煮たもの。桂圓とも。	ホクホクの食感が人気。むくみ解消にも。	愛玉子のゼリー。さっぱりレモン味。

タロイモ団子
ユィユエン
芋圓
タロイモで作った団子。淡い紫か茶色をしている

タピオカ
ジェンジューフェンユエン
珍珠粉圓
もちもちツルンのタピオカは黒糖で甘く煮たものがポピュラー。珍珠とも

白玉
ターンユエン
湯圓
日本でもおなじみの白玉。紅白2色の場合がほとんど

サツマイモ団子
ディーグアユエン
地瓜圓
ほんのり甘いサツマイモの団子

東区
EASTERN ICE

冷たい豆花
ビードウホア
冰豆花
豆花に削った氷をのせて提供。暑い夏に

温かい豆花
ロォドウホア
熱豆花
温かいシロップとともに味わう。冬の定番

豆乳がけ豆花
ドウジアードウホア
豆漿豆花
シロップの代わりに豆乳をかけるタイプ

◆ 看板を読んでみよう ◆

レンシュエン
任選 ▶ お好み　　1〜4種　　❶ 好きなトッピング4種

(冰的) 點餐導引

❷ タピオカ+好きなトッピング3種

任選　1-4　種配料 = 70 元　❶

粉圓　加自選三種配料 = 70 元　❷

冰豆花　加自選三種配料 = 70 元　❸

綜合粉圓冰　幫您配三種料 = 70 元　❹

❸ 冷たい豆花+好きなトッピング3種

ゾーンホー
綜合 ▶ 全部入り

❹ タピオカ全部入り+店員おすすめのトッピング3種

🌽 かき氷のトッピングにはトウモロコシも人気。トウモロコシは中国語で「玉米（ユィミー）」。

猫カフェ
完全シミュレーション

? What is 『猫カフェ』

テーマ性のあるカフェが充実している台湾。その中でも猫カフェは、台湾が発祥地の地ともいわれている。猫はカフェによって数匹から

数十匹いる店までさまざま。猫と一緒にまったりした時間を過ごしながら、オーナーこだわりのメニューやインテリアも楽しみたい。

入店

いらっしゃいませ。
ホアンイーングアーンリン
歓迎光臨。

何名様ですか？
チーンウェン ジーウェイ
請問 幾位？

（2人です）　指で示す

こちらへ座ってください。
チーン ズオ ジョービエン
請 坐 這邊。

お好きな席へどうぞ。
チーン ズオ ニン シーホアン ダ ウェイズ
請 坐 您 喜歡 的 位子。

注文

これください。
チーン ゲイ ウォ ジョーゴ
請 給 我 這個。

阿里山コーヒーはありますか？
ヨウ アーリーシャン カーフェイ マ
有 阿里山 咖啡 嗎？

阿里山コーヒーは台湾で
生産されるコーヒー豆

メニューはありますか？
ヨウ ツァイダン マ
有 菜單 嗎？

メニュー一覧は P.091

あります。／ありません。
ヨウ／メイヨウ
有。／沒有。

すみません、今の時間はデザートのみです。
ドゥイブーチー シエンザイ シージエン ジーノン ティーゴーン ティエンピン アーイー
對不起，現在 時間 只能 提供 甜品 而已。

もう一度メニューを見せてください。
チーン ザイ ゲイ ウォ カン イーシャ ツァイダン
請再給我看一下菜單。

追加でスイーツを頼みたいのですが。
ウォ シャーンヤオ ザイ ディエン ティエンピン
我 想要 再點 甜品。

おすすめはありますか？
ヨウ トゥイジエン ダ マ
有 推薦 的 嗎？

スコーンが人気ですよ。
スーカーンビーン ヘン ヨウ レンチー
司康餅 很 有 人氣。

取り皿をください。
チーン ゲイ ウォ バンズ
請 給 我 盤子。

名前は何ですか？
ミーンズ ジアオ シェンモ
名字 叫 什麼？

猫を指さして

小花です。
シー シャオホア
是 小花。

猫と触れあう

かわいい名前ですね。
ヘン コーアイ ダ ミーンズ
很 可愛 的 名字。

🐾 名前、姓の前の「小」は「〜ちゃん」の意味。動物だけでなく年下の人へ親しみを込めて付ける場合もある。

オスですか？　メスですか？
シー ゴーンダ マ ハイシー ムーダ
是 公的 嗎？ 還是 母的？

オスです。／メスです。
シー ゴーンダ／シー ムーダ
是 公的。／是 母的。

触ってもいいですか？
ゴーイー モー マ
可以 摸 嗎？

写真を撮ってもいいですか？
ゴーイー ジャオシャーン マ
可以 照相 嗎？

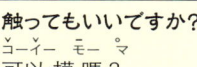

いいですよ。
ゴーイー ア
可以 啊。

フラッシュはたかないでくださいね。
チーン ブーヤオ シーヨーン シャングアーンドン
請 不要 使用 閃光燈。

えさをあげてもいいですか？
ゴーイー ウェイ ター マ
可以 餵 他 嗎？

いいですよ。ただ、あげすぎないでくださいね。
ゴーイー ダン ブーヤオ タイ ドゥオ
可以。但 不要 太多。

Wi-Fiはありますか？
ヨウ ワイファイ マ
有 Wi-Fi 嗎？

パスワードを教えてください。
チーン ガオスー ウォ ミーマー
請 告訴 我 密碼。

そこに書いてあります。
シエ ザイ ナービエン ラ
寫 在 那邊 了。

レシートに書いてあります。
シェ ザイ ファーピアオ シャーン ラ
寫在發票上了。

お会計をお願いします。
マーファン ニー ウォ ヤオ マイダン
麻煩你，我要買單。

ショップカードをもらえますか?
ノン ゲイ ウォ ジョージア ダ ミーンピエン マ
能給我這家的名片嗎?

ありがとう。また来ます。
シエシエ ウォ ホイ ザイ ライ
謝謝。我會再來。

これください。
チーン ゲイ ウォジョーゴ
請給我這個。

指さしながら注文しよう
ドリンク&ケーキカタログ

アイス ビーンダ 冰的	**ホット** ロアダ 熱的	**ブレンドコーヒー** ゾーンホーカーフェイ 綜合咖啡	**アメリカンコーヒー** メイシーカーフェイ 美式咖啡
カフェラテ ナーティエ 拿鐵	**カフェモカ** モーカー 摩卡	**杏仁ラテ** シーンレンナーティエ 杏仁拿鐵	**バナナラテ** シャーンジアオナーティエ 香蕉拿鐵
紅茶 ホーンチャー 紅茶	**ミルクティー** ナイチャー 奶茶	**スムージー** ビーンシャー 冰沙	**フルーツティー** シュイグオチャー 水果茶
ブラウニー プーラーンニー 布朗尼	**チーズケーキ** ルールオダンガオ 乳酪蛋糕	**ホームメイドクッキー** ショウゴーンビーンガン 手工餅乾	**ティラミス** ティラーミースー 提拉米蘇

🐾 猫カフェ発祥の地である台湾で、第一号店は MRT芝山駅のすぐ近くの「小猫花園」といわれている。

指さしながら注文しよう
旬のフルーツカレンダー&カタログ

1月	2月	3月	4月	5月	6月

シャカトウ
シージア
釋迦

ミルキーで甘みが強い。シャカの頭のような形のためこう呼ばれる

ライチ
リージー
荔枝

上品な甘さと香り。雨の多い5〜7月にのみ出回る

アテモヤ
フォンリーシージア
鳳梨釋迦

シャカトウとチェリモヤの掛け合わせ。シャカトウより甘さ控えめ

マンゴー
マーングオ
芒果

品種によって異なるが、最もポピュラーな愛文（アップルマンゴー）は夏が旬

ナツメ
ザオズ
棗子

漢方のナツメとは別種の木からとれる果実。ビタミンCがたっぷり

ドラゴンフルーツ
ホオローングオ
火龍果

一年中楽しめるフルーツ

バナナ
シャーンジアオ
香蕉

グァバ
バーラ
芭樂

スターフルーツ
ヤーンタオ
楊桃

パパイヤ
ムーグア
木瓜

レンブ
リエンウー
蓮霧

パイナップル
フォンリー
鳳梨

台湾ではトマトもフルーツ!?

トマト
ファンチエ
蕃茄

日本では野菜扱いのトマトだが、台湾ではフルーツとして食べられる。夜市ではイチゴ飴ならぬトマト飴もポピュラー。

7月	8月	9月	10月	11月	12月

シャカトウ

パッションフルーツ
バイシャーングオ
百香果

酸味が強く香りがよい。果肉はとろっとしており、種がとても多い

!?

アテモヤ

リュウガン
ローンイエン
龍眼

ブドウにも似た食感。硬い皮に包まれている ♪

ナツメ

洋ナシに似た食感で爽やかな味わい

そのほか定番フルーツ

キウイ	ブドウ	レモン	オレンジ	スイカ	イチゴ
チーイーグオ	プータオ	ニーンモン	ジューズ	シーグア	ツァオメイ
奇異果	葡萄	檸檬	橘子	西瓜	草莓
リンゴ	ライム	グレープフルーツ	メロン	ココナッツ	ザクロ
ピングオ	ライムー	プータオヨウ	ハーミーグア	イエズ	シーリュウ
蘋果	萊姆	葡萄柚	哈密瓜	椰子	石榴

マンゴーは一年中生産される黄金マンゴー、8～10月限定の夏雪マンゴーなど多様な品種がある。

93

ハレときどきタビ 來自日語的詞語

ライ ズー リー ユイ ダ ツー ユイ

同じ漢字 違う意味

☀ ハレ's advice ▸ **日本語由来の言葉をチェック**

日本統治時代を経験した台湾では、日本語がそのまま台湾の言葉として使われていることが多いんだ。意味は日本語と同じものもあれば、微妙に異なっているものもあるよ。もともと日本語とは知らずに使っている若い人もいるほど、台湾の社会に溶け込んでいるんだ。

❀ **まだある！　日本語由来の言葉** ❀

おでん
黑輪

正確な発音は「オレン」に近く、台湾語のひとつに数えられている。「關東煮」とも呼ばれる。

うんちゃん
運將

日本語から台湾語となった言葉で、意味も日本語と同じく「運転手」の意味。

あっさり
阿莎莉

「阿沙力」とも。日本とは意味が違い、決断力があることやはっきりした行動に対して用いる。

おじさん／おばさん
歐吉桑／歐巴桑

意味は日本と全く同じ。よい意味に受け取らない人もいるので、慣れていない人は使わないほうがいい。

いちばん
一級棒

第一級の意味の「一級（イージー）」と、素晴らしいという意味の「棒（バーン）」を組み合わせた言葉。

ハレ旅会話

台湾
中国語

SHOPPING

SHOPPING

基本フレーズ

値引き交渉からおことわりまで、
お買い物中に使いたいマストフレーズを厳選。

質問
フレーズ

いくらですか?
ドゥオシャオ　チエン
多少錢?

これはありますか?
ヨウ　メイヨウ　ジョーゴ
有沒有這個?

**人気のものは
どれですか?**
ロァメン　シャーンビン　シー　ナーイーゴ
熱門商品是哪一個?

**試着しても
いいですか?**
コーイー　シーチュワン　マ
可以試穿嗎?

**クレジットカードは
使えますか?**
ノン　シュア　シンヨーンカー　マ
能刷信用卡嗎?

感想
フレーズ

かわいい!
ヘン　コーアイ
很可愛!

ぴったり!
ヘン　ホーシー
很合適!

きれい!
ヘン　ビアオリアーン
很漂亮!

カッコいい!
ヘン　シュアイ
很帥!

すてき!
ジェン　ハオ
真好!

おねだり
フレーズ

ちょっと高いです。
ヨウディエン グイ
有點 貴。

もう少し安く
してください。
チーン ザイ ピエンイー イーディエン
請 再 便宜 一點。

3つ買うので、
安くしてください。
マイ サンゴ
買 三個，
チーン ザイ ピエンイー イーディエン
請 再 便宜 一點。

おことわり
フレーズ

やめておきます。
ハイシー ブーヤオ ラ シエシエ
還是 不要 了，謝謝。

ちょっと考えます。
ザイ カオリュー イーシャ
再 考慮 一下。

またあとで来ます。
ドン イーシャ ザイライ
等 一下 再來。

見ているだけです。
ウォ ジー シー カンカン
我 只 是 看看。

97

茶葉・茶器ショッピング
完全シミュレーション

? What is 『茶葉・茶器』

台湾みやげの定番といえば台湾茶。試飲のできる店も多いので好みのお茶をじっくり探そう。試飲のコツは値段の安いものからしていくこと。香りや味の違いがわかる。旅の記念に茶器を購入するときは、梱包をしっかりしてもらえるよう頼んでみよう。

茶葉を選ぶ

どんなお茶をお探しですか？
チーンウェン　ニン　ザイ　ジャオ　ナー　イージョーン　チャー
請問，您在找哪一種茶？

工芸茶はありますか？
ヨウ　メイヨウ　カイホアチャー
有沒有開花茶？

茶葉一覧は **P.101**

モーリーホアチャー
茉莉花茶　　ジャスミン茶
リューチャー　　　　ホーンチャー
綠茶　　緑茶　紅茶　　紅茶

はい、こちらです。／ありません。
ヨウ　シー　ジョーゴ／メイヨウ
有，是這個。／沒有。

これは何というお茶ですか？
ジョー　シー　シェンモ　チャー
這是什麼茶？

指さしながら

東方美人茶です。
烏龍茶の一種です。
ジョー　シー　ドーンファーンメイレンチャー
這是東方美人茶。
シー　ウーローンチャー　ダ　イージョーン
是烏龍茶的一種。

ハチミツのような甘い香りがします。
ターダ ウェイダオ シャーン フォンミー イーヤーン
它 的 味道 像 蜂蜜 一样。

香りの
表現は **P.101**

試飲できますか？
コーイー チャーン マ
可以 尝 吗？

はい。／いいえ。
コーイー／ブーコーイー
可以。／不可以。

おいしい！
ハオホー
好喝！

いい香り！
ハオシャーン
好香！

これください。
チーン ゲイ ウォ ジョーゴ
请 给 我 这个。

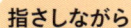
指さしながら

これとこれを1つずつください。
ウォ ヤオ マイ ジョークアン ホー ジョークアン ゴー イーゴ
我 要 买 这款 和 这款 各 一个。

茶器を
選ぶ

茶器はありますか？
ヨウ メイヨウ チャージュー
有 没有 茶具？

おすすめはありますか？
ヨウ メイヨウ トゥイジェン ダ
有 没有 推薦 的？

こちらはいかがですか？
ジョー タオ ルーホー ナ
这套 如何 呢？

すてき！
ヘン バーン
很棒！

高山茶や凍頂烏龍茶は、5月頃と12月頃に店先に出回る。試飲できるかどうか尋ねてみよう。

 茶器を選ぶ

いくらですか？
ドゥオシャオ チエン
多少錢？

3個セットで5000元です。
サンゴ イータオ イーゴーン ウーチエンユエン
三個一套，一共 5000元。

もう少し安いものはありますか？
ヨウ メイヨウ ビエンイー イーディエン ダ
有 沒有 便宜 一點 的？

こちらもとても人気があります。
ジョー タオ イエ ヘン ヨウ レンチー
這套也很有人氣。

3個セットで1000元です。
サンゴ イータオ イーゴーン イーチエンユエン
三個一套，一共 1000元。

いいですね！
ヘン ハオ
很 好！

それを買います。
ウォ マイ ナーゴ
我買那個。

新しいものを出してもらえませんか？
コーイー ゲイ ウォ シン ダ マ
可以 給 我 新 的 嗎？

割れないように包んでください。
チーン バーン ウォ バオジュアーン チエンワン ビエ スイ ラ
請 幫 我 包裝，千萬 別 碎 了。

 会計

クレジットカードは使えますか？
コーイー ヨーン シンヨーンカー マ
可以 用 信用卡 嗎？

はい、使えます。
シーダ コーイー
是的，可以。

100

これください。
チーン ゲイ ウォ ジョーゴ
請 給 我 這個。

指さしながら買い物しよう
茶葉カタログ

茶葉の種類

烏龍茶	緑茶	高山茶	凍頂烏龍茶
ウーローンチャー	リューチャー	ガオシャンチャー	ドーンディーンウーローンチャー
烏龍茶	綠茶	高山茶	凍頂烏龍茶
台湾産は香り高さが人気。多様な種類がある。	烏龍茶の種類が豊富だが緑茶の生産も盛ん。	標高の高い茶園で育った茶葉。比較的高級。	凍頂山周辺で作られる高山茶の代表格。
鉄観音茶	日月紅茶	龍井茶	包種茶
ティエグァンインチャー	リーユエホーンチャー	ローンジーンチャー	バオジョーンチャー
鐵觀音茶	日月紅茶	龍井茶	包種茶
古風でふくよかな味わいの半発酵茶。	台湾最大の湖・日月潭の周辺で作られる紅茶。	緑茶の一種。浙江省・杭州が産地のブランド茶。	台北市内の文山地区で栽培される烏龍茶。
プーアル茶	東方美人茶	花茶	工芸茶
プーアルチャー	ドーンファーンメイレンチャー	ホアチャー	カイホアチャー
普洱茶	東方美人茶	花茶	開花茶
カビ発酵の熟茶と半発酵の生茶の2種ある。	台湾のみで生産される無農薬の烏龍茶。	菊やバラなどを乾燥させたお茶。工芸茶タイプも。	湯を注ぐと花が開く。ジャスミン茶が多い。

お茶に関する表現

フルーツのような香り
シャーン シュイグォ イーヤーン ダ シャーンウェイ
像 水果 一樣 的 香味

甘みを含んだ余韻が残る	花のような香り	甘い	苦い
ヨウ ホイガン	ホアシャーン	ティエン	クー
有 回甘	花香	甜	苦
渋い	酸っぱい	熟成	発酵
シー	スァン	チョンシュー	ファーシャオ
澀	酸	成熟	發酵
製茶工場	農園	お茶屋さん	年代物のお茶
チャーチャーン	チャーユエン	チャーハーン	ラオチャー
茶廠	茶園	茶行	老茶

茶器は値段にとらわれず好きなものを選ぼう。急須と茶杯のほかに聞香杯があるといい。

問屋ショッピング
完全シミュレーション

? **What is** 『問屋』

台湾ならではの食品類を購入するなら問屋街へ。台北の迪化街（ディーホアジエ）は、創業100年を超える老舗が軒を連ねる。ドライフルーツ、菓子類、漢方薬、カラスミなど、おみやげとしてはもちろん、自分用にも購入したい品がリーズナブルに揃っている。

店内

問屋街の定番みやげは P.105

何かお探しですか？
チーンウェン　ニン　ザイ　ジャオ　シェンモ　マ
請問 您 在 找 什麼 嗎？

カラスミはありますか？
ヨウ　ウーユィズー　マ
有 烏魚子 嗎？

これはありますか？
ヨウ　ジョーゴ　マ
有 這個 嗎？

ガイドブックを見せながら

はい、これです。／ありません。
ヨウ　シー　ジョーゴ／メイヨウ
有，是 這個。／ 沒有。

試食していいですか？
コーイー　シーチー　マ
可以 試吃 嗎？

これは何ですか？
ジョーゴ　シー　シェンモ
這個 是 什麼？

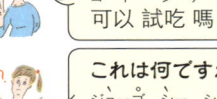

ドライトマトです。
ジョーゴ　シー　ファンチエガン
這個 是 蕃茄乾。

好吃

とてもおいしいですよ。
ジョーゴ　ヘン　ハオチー　オ
這個 很 好吃 喔。

SHOPPING

茶葉＆茶器

みやげ

台湾花布

ファッション

コスメ＆ドラッグストア

食べてみてください。
チー カンカン バ
吃看看吧。

どれくらい持ちますか？
コーイー バオツン ドゥオジウ
可以 保存 多久？

1カ月くらいです。
イーゴユエ ズオヨウ
1個月 左右。

リアーンサンティエン		イーシーンチー	
2〜3天	2〜3日	1星期	1週間
リアーンシーンチー		サンゴユエ		イーニエン	
2星期	2週間	3個月	3カ月	1年	1年間

台湾産ですか？
シー タイワンショーンチャン ダ マ
是 台灣生產 的 嗎？

どうやって食べるんですか？
ジョーゴ ヤオ ゼンモ チー
這個 要 怎麼 吃？

値段
交渉

いくらですか？
ドゥオシャオ チエン
多少 錢？

100元です。
イーバイユエン
100元。

3つ買うから安くしてくれませんか？
ウォ マイ サンゴ コーイー スアン ピエンイー マ
我 買 三個 可以 算 便宜 嗎？

たくさん買うからおまけを付けて！
ウォ マイ ヘンドゥオ ニー ヤオ ドゥオ ソーン イーゴ
我 買 很多，你 要 多 送 一個！

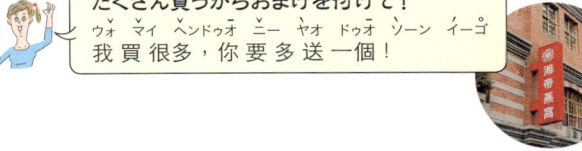

🔸 中国語で店主は「老闆（ラオバン）」。おかみさんなら「老闆娘（ラオバンニアーン）」。

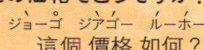
電卓を
見せて

この価格でどうですか？
ジョーゴ ジアゴー ルーホー
這個 價格 如何？

高すぎます！／安すぎます！
タイ グイラ／タイ ピエンイーラ
太 貴 了！／太 便 宜 了！

ちょっと考えさせてください。
チン ラーン ウォ シャーンイーシャーン
請讓 我 想一想。

店長さん、お願いします～！
ディエンジャーン バイトゥォ ニー ラ
店長，拜託 你 啦～！

これください。
チン ゲイ ウォ ジョーゴ
請 給 我 這個。

クレジットカードは使えますか？
コーイー ヨーン シンヨーンカー マ
可以 用 信用卡 嗎？

はい、使えます。／いいえ、現金だけです。
シーダ コーイー／ブーシーン ジーノン ヨーン シエンジン
是的，可以。／不行，只能 用 現金。

現金払いなら割引しますよ。
ルーグォ シエンジン フークァン ヨウ ジョーコウ オ
如果 現金 付款 有 折扣 喔。

日本円で支払えますか？
コーイー フー リーピー マ
可以 付 日幣 嗎？

歓迎来迪化街！
（迪化街へいらっしゃい！）

SHOPPING

茶葉＆茶器

みやげ

台湾花布

ファッション

コスメ＆ドラッグストア

これください。
チーン　ゲイ　ウォ　ジョーゴ
請 給 我 這個。

指さしながら買い物しよう
問屋の定番みやげカタログ

カラスミ
ウーユイズー
烏魚子

日本より安く手に入る。
専門店や漢方の店で。

漢方薬（漢方生薬）
ジョーンヤオ（ハンファーンショーンヤオ）
中薬（漢方生薬）

体質に合わせて調合してくれ
る専門店もある。

真珠粉
ジェンジューフェン
珍珠粉

パックにしたり服用
したりする。美肌に効果あり!?

ドライフルーツ
シュイグオガン
水果乾

マンゴーなどの果物を干した
定番おやつ。

ドライチーズ
ルールオスー
乳酪絲

チーズを干したもの。
燻製イカのような味。

ドライベジタブル
シューグオガン
蔬果乾

野菜をフリーズドライに。
サクサクの食感。

フルーツジャム
グオジアーン
果醬

パッションフルーツなど
台湾ならではの味も。

せいろ
ジョンローン
蒸籠

竹細工やかご雑貨専門の店
などで購入できる。

かごバッグ
ティーラン
提籃

せいろと同様の店で購入可。
軽くて丈夫。

☀ フルーツはそのまま日本に持ち帰れないが加工品ならOK。「乾貨（ガンホオ）」は乾物の意味。

マストバイみやげカタログ

❖ お菓子 點心 ディエンシン ❖

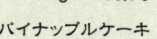

パイナップルケーキ
フォンリースー
鳳梨酥

近年はホテルベーカリーの高級系も人気。

ヌガー
ニウジャーターン
牛軋糖

ナッツがたっぷり入った濃厚なミルクのヌガー。

太陽餅	月餅	緑豆ケーキ
タイヤーンビーン	ユエビーン	リュードウガオ
太陽餅	**月餅**	**緑豆糕**
台中発祥。パイのような生地にもっちり麦芽糖館入り。	薄皮にクルミなどが入ったアズキ館がぎっしり。	緑豆の粉を使って作る伝統菓子。らくがんに似た食感。

❖ ステーショナリー 文具 ウェンジュー ❖

ノート
ビージーベン
筆記本

レトロなデザインと色使いがかわいい。

マスキングテープ
ジージアオダイ
紙膠帯

台湾花布など、台湾らしい柄のテープが豊富。

クリップ
ジアーズ／ホイウェンジェン
夾子／迴紋針

台湾島の形や観光名所をかたどったものも。

カード
カーピエン
卡片

デザイン性が高くコレクションしたくなる。

付せん
ビエンリーティエ
便利貼

写真は「急件」「勉強中」などの漢字がポイント。

スタンプ
インジャーン
印章

小籠包の絵柄や中国語のメッセージ入り。

これください。
チン ゲイ ヴォ ジョーゴ
請 給 我 這個。

SHOPPING

茶葉＆茶器

みやげ

台湾花布

ファッション

コスメ＆ドラッグストア

リーヨーンピン チューファーンヨーンピン
日用品・キッチン用品 日用・廚房用品

ナイロンバッグ
ニーローンダイ
尼龍袋

キッチュな色がキュート。
お買い物バッグに。

茶わん
チャーワン
茶碗

スーパーの食器売り場で発見。
中華柄のものも。

グラス、コップ
ベイズ
杯子

グラス、コップともに
「杯子」と表記される。

大同鍋
ダートーンディエングオ
大同電鍋

炊飯器や蒸し器にもなる
万能鍋。台湾では一家に一台。

サンダル
リアーンシエ
涼鞋

台湾に行くと必ず見かける
一足。スーパーなどで販売。

ビニール袋
スージアオダイ
塑膠袋

屋台やお店でテイクアウト用
に使われるビニール袋。

チーター
そのほか 其他

ストラップ
ディアオシー
吊飾

左はちまき、右は豆花を
かたどったもの。

キーホルダー
ヤオシチュエン
鑰匙圏

大同電鍋をかたどった
キーホルダー。

トランプ
プーコパイ
撲克牌

懐かしの商品をプリント
したレトロな柄も。

パイナップルケーキは餡に冬瓜を使うものも多い。専門店だけでなくスーパーでも購入可。

布購入
完全シミュレーション

? What is 『台湾花布』

花布は客家の伝統的な花柄模様を
あしらった布のこと。色鮮やかで
レトロな味わいがあり、花布雑貨
は年齢問わず女性の人気を集めて
いる。台北の迪化街には布市場が
あり、花布も豊富に取り扱う。購入
した布で、好みの雑貨を作ってく
れる店もある。

❀ 布購入シミュレーション ❀

入店

> この布はいくらですか？
> ジョー ビー ブー ドゥオシャオ チエン
> 這 匹 布 多 少 錢 ？

指さしながら

> 90cm75元です。
> ジウシー ゴーンフェン チーシーウー ユエン
> 90公分 75元。

> これの黄色はありますか？
> ヨウ メイヨウ ジョー クアンシー ダ ホアーンソー
> 有 沒 有 這 款 式 的 黄色 ？

指さしながら

ホーンソー 紅色 赤	フェンホーンソー 粉紅色 ピンク	ランソー 藍色 青	シュイランソー 水藍色 水色
リューソー 綠色 綠	ホアーンリュー 黄綠 黄綠	ヘイソー 黑色 黒	バイソー 白色 白

> あります。／ありません。
> ヨウ／メイヨウ
> 有。／没有。

購入

> これください。
> チーン ゲイ ウォ ジョーゴ
> 請 給 我 這個。

指さしながら

> 何mいりますか？
> シューヤオ ジーミー
> 需要 幾米 ？

 3mください。
ウォ シューヤオ サンミー
我 需要 3米。

会計

250元です。
リアーンバイウーシーユエン
250元。

 クレジットカードは使えますか?
コーイー ヨーン シンヨーンカー マ
可以 用 信用卡 嗎?

カードが使えない店が多い

いいえ、現金だけです。
プーシーン ジーノン ヨーン シエンジン
不行，只能 用 現金。

❀ 仕立てシミュレーション ❀

入店 **仕立てはできますか?**
チーンウェン コーイー ディーンズオ マ
請問，可以 訂做 嗎?

はい、できます。/いいえ、できません。
コーイー ディーンズオ/プーノン ディーンズオ
可以 訂做。/不能 訂做。

何を作りますか?
シャーンヤオ ズオ シェンモ ナ
想要 做 什麼 呢?

注文 **バッグを作りたいです。**
ウォ シャーンヤオ ズオ バオバオ
我 想要 做 包包。

どんなバッグにしますか?
シャーンヤオ ズオ シェンモヤーン ダ バオバオ ナ
想要 做 什麼樣 的 包包 呢?

❀ 布は90cm幅をメインに販売しており、90cmを基本に10cm単位で購入可。

これです。
<ruby>像<rt>シャーン</rt></ruby> <ruby>這<rt>ジョー</rt></ruby><ruby>様<rt>ヤーン</rt></ruby> <ruby>的<rt>ダ</rt></ruby>。
像 這様 的。

写真などを
見せて

ボタンはどれにしますか？
<ruby>您<rt>ニン</rt></ruby> <ruby>要<rt>ヤオ</rt></ruby> <ruby>哪<rt>ナー</rt></ruby> <ruby>一種<rt>イージョーン</rt></ruby> <ruby>釦子<rt>コウズ</rt></ruby>？
您 要 哪 一種 釦子？

フーリアオ		ネイリー		ティーダイ		シエンダイエンソー	
輔料	金具	内裡	裏地	提帯	持ち手	線的顔色	糸の色

これにします。
<ruby>我<rt>ウォ</rt></ruby> <ruby>要<rt>ヤオ</rt></ruby> <ruby>這個<rt>ジョーゴ</rt></ruby>。
我 要 這個。

指さしながら

すぐできますか？
<ruby>能<rt>ノン</rt></ruby> <ruby>不能<rt>ブーノン</rt></ruby> <ruby>馬上<rt>マーシャーン</rt></ruby> <ruby>做<rt>ズオ</rt></ruby> <ruby>出来<rt>チューライ</rt></ruby>？
能 不能 馬上 做 出來？

どのくらいかかりますか？
<ruby>需要<rt>シューヤオ</rt></ruby> <ruby>多長<rt>ドゥオーチャーン</rt></ruby> <ruby>時間<rt>シージエン</rt></ruby>？
需要 多長 時間？

1時間かかります。
<ruby>需要<rt>シューヤオ</rt></ruby> <ruby>一個小時<rt>イーゴシャオシー</rt></ruby>。
需要 一個 小時。

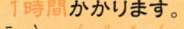

イーゴウンシャーン		リアーンティエン		サンティエン		イーゴリーバイ	
一個晩上	ひと晩	兩天	2日	三天	3日	一個禮拝	1週間

わかりました。
<ruby>好<rt>ハオ</rt></ruby> <ruby>的<rt>ダ</rt></ruby>。
好 的。

やっぱりやめます。
<ruby>還是<rt>ハイシー</rt></ruby> <ruby>不要<rt>ブーヤオ</rt></ruby> <ruby>了<rt>ラ</rt></ruby>。
還是 不要 了。

日本に郵送できますか？
<ruby>能<rt>ノン</rt></ruby> <ruby>不能<rt>ブーノン</rt></ruby> <ruby>郵寄<rt>ヨウジー</rt></ruby> <ruby>到<rt>ダオ</rt></ruby> <ruby>日本<rt>リーベン</rt></ruby>？
能 不能 郵寄 到 日本？

会計

会計は先払いです。
<ruby>請<rt>チーン</rt></ruby> <ruby>先<rt>シエン</rt></ruby> <ruby>付錢<rt>フーチエン</rt></ruby>。
請先付錢。

お名前と連絡先を教えてください。
<ruby>請<rt>チーン</rt></ruby> <ruby>告訴<rt>ガオスー</rt></ruby> <ruby>我<rt>ウォ</rt></ruby> <ruby>您<rt>ニン</rt></ruby> <ruby>的<rt>ダ</rt></ruby> <ruby>姓名<rt>シーンミーン</rt></ruby> <ruby>跟<rt>ゴン</rt></ruby> <ruby>聯絡<rt>リエンルオ</rt></ruby> <ruby>方式<rt>ファーンシー</rt></ruby>。
請告訴我您的姓名跟聯絡方式。

明日の午後3時に取りにきてください。
<ruby>明天<rt>ミーンティエン</rt></ruby> <ruby>下午<rt>シャウー</rt></ruby> <ruby>3點<rt>サンディエン</rt></ruby>，<ruby>請<rt>チーン</rt></ruby> <ruby>來拿<rt>ライナー</rt></ruby>。
明天 下午 3點，請來拿。

受け取り

バッグの受け取りに来ました。
<ruby>我<rt>ウォ</rt></ruby> <ruby>來<rt>ライ</rt></ruby> <ruby>拿<rt>ナー</rt></ruby> <ruby>包包<rt>バオバオ</rt></ruby>。
我 來 拿 包包。

お名前を教えてください。
<ruby>請<rt>チーン</rt></ruby> <ruby>告訴<rt>ガオスー</rt></ruby> <ruby>我<rt>ウォ</rt></ruby> <ruby>您<rt>ニン</rt></ruby> <ruby>的<rt>ダ</rt></ruby> <ruby>姓名<rt>シーンミーン</rt></ruby>。
請告訴我您的姓名。

○○です。
<ruby>我<rt>ウォ</rt></ruby> <ruby>是<rt>シー</rt></ruby> ○○。
我 是 ○○。

はい、どうぞ。
<ruby>請<rt>チーン</rt></ruby>，<ruby>這<rt>ジョー</rt></ruby> <ruby>是<rt>シー</rt></ruby> <ruby>您<rt>ニン</rt></ruby> <ruby>的<rt>ダ</rt></ruby>。
請，這是您的。

ありがとう。
<ruby>謝謝<rt>シエシエ</rt></ruby>。
謝謝。

とても気に入りました。
<ruby>我<rt>ウォ</rt></ruby> <ruby>非常<rt>フェイチャーン</rt></ruby> <ruby>喜歡<rt>シーホアン</rt></ruby>。
我 非常 喜歡。

推薦！

可愛♡

:sun: 仕立てにかかる時間の目安は1〜3日。1日目に訪問すると旅行中にピックアップできてスマート。

ファッション
完全シミュレーション

? What is 『ファッション』

流行ファッションに敏感な台湾っ子。デパートやメインストリートのブランドショップだけでなく、路地裏や夜市の中にある個性的なセレクトショップを利用する若者も多い。商品は輸入物も多くサイズ表記はさまざま。できるだけ試着してジャストサイズを選ぼう。

入店

何かお探しですか？
チーン ウェン ニン ザイ ジャオ シェンモ マ
請 問 您 在 找 什 麼 嗎 ？

見ているだけです。
ウォ ジー シー カンカン
我 只 是 看看。

○○を買いたいのですが。
ウォ シャーン マイ ○○
我 想 買 ○○。

P.114 ファッション関連用語は

これのMサイズはありますか？
ジョーゴ ダ エムチーツン ヨウ マ
這 個 的 M尺寸 有 嗎 ？

エスチーツン
S尺寸　**Sサイズ**　　エルチーツン
L尺寸　**Lサイズ**

ブートーンイェンソーダ
不同顔色的　**色違い**　　ビエダホアヤーン
別的花様　**別の柄**

試着
試着してもいいですか？
コーイー シーチュワン マ
可以 試穿 嗎 ？

はい、こちらへどうぞ。
コーイー ジョービエン チーン
可以，這邊 請。

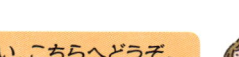

すみません、こちらは試着できません。
ドゥイブーチー ジョーゴ ブーノン シーチュワン
對不起，這個 不能 試穿。

サイズが合いませんでした。
チーツン ブーホー
尺寸 不合。

1サイズ大きい（小さい）ものはありますか？
ヨウメイヨウ ダー（シャオ）イーハオ ダ
有沒有 大（小）一號 的？

ごめんなさい、もう少し考えます。
ドゥイブーチー ザイ カオリュー イーシャ
對不起，再 考慮 一下。

購入

新しいものを出してもらえませんか？
コーイー ゲイ ウォ シン ダ マ
可以 給 我 新 的 嗎？

はい、かしこまりました。
ハオダ ウォ ジーダオ ラ
好的，我 知道 了。

すみません、こちらが最後の1点です。
ドゥイブーチー ジョー シー ズイホウ イージエン ラ
對不起，這是 最後 一件 了。

免税で買えますか？
コーイー ヨーン ミエンシュイ マイ マ
可以 用 免税 買 嗎？

免税手続き用の書類を作成してください。
チーン シエ ミエンシュイ ショウシュー ヨーン ダ ダンジュー
請 寫 免税 手續 用 的 單據。

**返品
交換**

返品したいのですが。
ウォ シャーン トゥイホォ
我 想 退貨。

交換してもらえますか？
コーイー ジアオホアン マ
可以 交換 嗎？

店に入り、店員に声をかけられたら、会釈やあいさつをしよう。無視をするのは失礼にあたる。

指さしながら買い物しよう
ファッション関連用語カタログ

大きい	小さい	ゆるい	きつい
ダーダ	シャオダ	ソーンダ	ジンダ
大的	小的	鬆的	緊的

長い	短い	厚い	薄い
チャーンダ	ドゥアンダ	ホウダ	ボーダ
長的	短的	厚的	薄的

半袖	長袖	ノースリーブ	やわらかい	硬い
ドゥアンシウ	チャーンシウ	ウーシウ	ルアンダ	イーンダ
短袖	長袖	無袖	軟的	硬的

❀ 服・下着 衣服・内衣 ❀
イーフー ネイイー

コート	ジャケット	セーター（ニット）	シャツ
ダーイー	ジアコー	マオイー（ジェンジー）	チェンシャン
大衣	夾克	毛衣(針織)	襯衫

ショートパンツ	ジーンズ	スカート	ワンピース
ドゥアンクー	ニウザイクー	チュンズ	ヤーンジュアーン
短褲	牛仔褲	裙子	洋裝

Tシャツ	靴下	ストッキング	タイツ
ティーシュー	ウーズ	スーウー	クーウー
T恤	襪子	絲襪	褲襪

ブラジャー	ショーツ	タンクトップ	キャミソール
ショーンジャオ	ニュシーンネイクー	ベイシン	ウーシウニュヨーンジンシェンイー
胸罩	女性内褲	背心	無袖女用緊身衣

❧ 靴 鞋子 シェズ ❧

パンプス シューニュバオシェ 淑女包鞋	フラットシューズ ビーンディーシェ 平底鞋	ローファー ビーンディーニュヨーンピーシェ 平底女用反鞋

ハイヒール ガオゲンシェ 高跟鞋	サンダル リアーンシェ 涼鞋	ブーツ シェズ 靴子	スニーカー ユンドーンシェ 運動鞋

❧ かばん・雑貨 皮包・雑貨 ピーバオ ザーホオ ❧

クラッチバッグ ショウティーバオ 手提包	トートバッグ トゥオトォバオ 托特包	リュック ホウベイバオ 後背包	ショルダーバッグ ジエンバオ 肩背包

財布 チェンバオ 錢包	帽子 マオズ 帽子	メガネ イエンジーン 眼鏡	マフラー ウェイジン 圍巾

ストール ピージエン 披肩	スカーフ リーンジン 領巾	ネクタイ リーンダイ 領帯	ベルト ピーダイ 皮帯

❧ アクセサリー 首飾 ショウシー ❧

指輪 ジエジー 戒指	イヤリング ジアシーアルホアン 夾式耳環	ピアス チュワントーンアルホアン 穿洞耳環	ネックレス シャーンリエン 項棟

❧ 柄 花様 ホアヤーン ❧

花柄	ドット	ボーダー	チェック	無地

ホアウェン 花紋	ユエンディエン 圓點	ホンティアオウェン 横條紋	ゴーウェン 格紋	スーソー 素色

茶葉&茶器
みやげ
台湾花布
ファッション
コスメ&ドラッグストア

❀ おみやげに水晶のブレスレットも人気。ブレスレットは中国語で「手環（ショウホアン）」。

スーパーでお買い物

店の造りも日本とほぼ同様で買い物しやすい台湾のスーパー。お菓子や食品など、
リーズナブルなご当地商品はおみやげにもぴったりだ。

◈ お得な買い物術!

宝くじレシートで一攫千金!?

レシート上部に表記されている8ケタの番号は、宝くじの
抽選番号。当選額は最大200万円で観光客も換金可能。

レシートが必
要ない人は各
店に設置され
る寄付箱へ。こ
こから当選が
出ると、当選額
が慈善事業な
どに使われる。

レシート
ファーピアオ
發票

ここで確認!

当選番号は台湾財政部のウェ
ブサイトで確認。換金は台湾の
郵便局で行うことができる。

台湾財政部

invoice.etax.nat.gov.tw

レジ袋は有料! エコバッグの用意を

スーパーだけでなく、コ
ンビニ、ドラッグストア
などでも基本的にレジ
袋は有料。買い物時はマ
イバッグを持参しよう。

ビニール袋
スージアオダイ
塑膠袋

レジ	エコバッグ
ショウインタイ	ホアンバオダイ
收銀台	**環保袋**

袋はいりますか?
ヤオ ダイズ マ
要 袋子 嗎?

買一送一を狙おう!

「買一送一」は1個買うと、1個オマケでもらえ
る。売り場の表示をお見逃しなく!

オマケ
マイイーソーンイー
買一送一

7折=3割引き

セール品に表記がある「○折」は「○割引き」ではなく「定価
の○割の価格で販売する」という意味。例えば「7折」と表
示があれば「商品の7割の価格」=「3割引き」になる。

セール	売り切れ
パイマイ	マイウン
拍賣	**賣完**

食品売り場はどこですか？
チーンウェン シーピンマイチャーン ザイ ナーリー
請問 食品賣場 在 哪裡？

ディエンシン **點心** お菓子	リーヨーンピン **日用品** 日用品	ザーホオ **雜貨** 雑貨	ホアジュアーンピン **化妝品** 化粧品
インリアオ **飲料** 飲み物	シュイグオ **水果** 果物	ロウレイ **肉類** 肉類	シューツァイレイ **蔬菜類** 野菜類	ルーシーピン **乳製品** 乳製品

そぼろ肉の缶詰

ロウザオグアントウ
肉燥罐頭

即席麺

スーシーミエン
速食麺

缶ビール

グアンジュアーンピージウ
罐裝啤酒

ビスケット・クッキー

ビーンガン
餅乾

ティーバッグ

チャーバオ
茶包

ピーナッツの甘煮缶

ホアショーンターン
花生湯

サーチャー醤

シャーチャージアーン
沙茶醬

エシャロットの揚げ物

ヨウツォーンスー
油蔥酥

乾麺

ガーンミエン
乾麺

干しエビ

シャミー
蝦米

レトルト食品

リューボータイジュアーンシーピン
鋁箔袋裝食品

調味料

ティアオウェイリアオ
調味料

トイレットペーパー

ジュエントーンウェイショーンジー
捲筒衛生紙

ミネラルウォーター

クアーンチュエンシュイ
礦泉水

ジッパー付き袋

ジアリエンダイ
夾鏈袋

🌼 コンビニなどで売っているカップ麺は「泡麺（パオミエン）」。牛肉麺やビーフンなど種類も多様。

SHOPPING

茶葉＆茶器

みやげ

台湾花布

ファッション

コスメ＆ドラッグストア

117

読めば快晴
ハレ旅 Study
民国暦と単位

暮らしの中のさまざまな場面で独自の暦と単位を使用

台湾で食材を買うと、「105年」などという印字がされていて、一体いつのことかと首をかしげてしまうことがある。台湾で、西暦とともに使われている紀年法（年を表す方法）が民国暦だ。これは中華民国が成立した1912年を元年とするもので、国暦とも呼ばれ、食品によく使われ

民 国 暦

《計算の仕方》
民国暦＋1911＝西暦

民国暦＆西暦 早見表	
民国105年	2016年
民国106年	2017年
民国107年	2018年
民国108年	2019年
民国109年	2020年

単 位

重さ・量・長さ

ミリグラム …… 毫克 ハオコー
グラム ……… 公克 ゴーンコー

キログラム …… 公斤 ゴーンジン
トン …………… 噸 ドゥン

ミリリットル … 毫升 ハオショーン
リットル ………… 升 ショーン
センチメートル ‥ 公分 ゴーンフェン

メートル ‥米／公尺 ミー／ゴーンチー
キロメートル …… 公里 ゴーンリー

伝統の単位

斤 ジン …… 600g
半斤 バンジン …… 300g

兩 リアーン …… 37.5g
1斤＝16兩

問屋街やお茶屋さんで使える！

ている。1911を足すと西暦での年がわかるが、「'05年」のように下2桁で表示されることもあり、西暦との区別が付けにくく少々やっかいだ。

また、台湾では旧暦（農暦）も使われている。春節や端午節、中秋節などの祝日や祭りの多くはこの旧暦にもとづいて決まるため、毎年日は変動する。台湾の旧暦は日本の旧暦とほぼ同じだが、1日ほどのずれがあることがある。

ものの量や重さをはかる度量衡に

も、独特の単位が使われている。例えば長さや面積を表すには、メートル法の単位と同時に尺や寸、畝などといった独自の単位がある。旅行者が最もよく目にする伝統的な単位は重さに関するもの。グラムやキロといった日本と同じもののほかに、斤や兩などが使われている。1斤＝600gで、中国大陸（1斤＝500g）とも異なる。市場の量り売りの商品には斤がよく使われているので、覚えておくといいだろう。

\作るのはコレ！/

ラベルを読んで作ってみよう！

トーンイーロウザオフォンウェイ
統一肉燥風味

台湾インスタント麺の大手メーカーによる、肉味噌味の即席ビーフン。ニンニクと油の風味が効いておいしい。

❶
ジアーン　ティアオホーミーフェン　ティアオウェイリアオ　ジーユイ
將 調合米粉、調味料 置於
リュウバイハオショーン　ジー　ジョーンシーン　ワンネイ
600毫升 之 中型 碗内。

ビーフン、調味料を600ミリリットルの中型のおわんに入れる。

❷
チョーンルー　フェイトン　カイシュイ　ジー　バーフェンマン(ユエ　スーバイウーシーハオショーン)ウェイジー
沖入 沸騰 開水 至 八分滿（約 450毫升）為止，
ガイシャーンホウ　ファーンジー　サンフェンジョーン
蓋上後 放置 3分鐘。

沸騰したお湯をおわんの8分目（約450ミリリットル）まで満たし、
フタをしたのちに3分おく。

❸
ジアーン　ティアオホーミーフェンターン　バンユンホウ　ジーチョン　イーワン　ウェイダオ　シーズー　ダ
將 調合米粉湯 拌匀後 即成 一碗 味道 十足 的
ロウザオフォンウェイティアオホーミーフェン
肉燥風味調合米粉。

スープをよく混ぜ合わせれば
おいしい肉そぼろ入りビーフンのできあがり。

好吃

茶葉＆茶器

みやげ

台湾花布

ファッション

コスメ＆ドラッグストア

MIT コスメ
完全シミュレーション

エムアイティー
『MIT コスメ』

MIT とは（Made in Taiwan）の略。1999 年に政府が定めた商標で、厳しい審査を通過した商品のみが表記できる。フルーツや野菜、ハーブなど、自然由来の原料をもとに作られた台湾発のコスメは、パッケージもおしゃれでナチュラル志向の人々に好まれている。

入店

何かお探しですか？
チーン　ウェン　ニン　ザイ　ジャオ　シェンモ　マ
請 問 您 在 找 什 麼 嗎？

◯◯を買いたいのですが。
ウォ　シャーン　マイ　◯◯
我 想 買 ◯◯。

P.122　コスメ関連用語は

ガイドブックを見せながら

これと同じものをください。
チーン　ゲイ　ウォ　ホー　ジョーゴ　イーヤーン　ダ　ドーンシー
請 給 我 和 這 個 一 樣 的 東 西。

おすすめのものはどれですか？
ニー　トゥイジエン　ダ　ドーンシー　シー　ナーゴ
你 推 薦 的 東 西 是 哪 個？

ショウホアンイーンダシャーンピン		シンシャーンピン
受 歡 迎 的 商 品	人気の商品 新商品	新 商 品

これは何ですか？
ジョーゴ　シー　シェンモ
這 個 是 什 麼？

これはどうやって使うんですか？
ジョーゴ　ゼンモ　ヨーン
這 個 怎 麼 用？

試してもいいですか？
ウォ　コーイー　シーシー　カン　マ
我 可 以 試 試 看 嗎？

どんな効果がありますか？
ヨウ シェンモ ヤーン ダ シャオグオ
有 什麼樣 的 效果？

保湿効果があります。
ヨウ バオシー シャオグオ
有 保濕 效果。

メイバイ　　　カーンラオ
美白　美白　抗老　アンチエイジング

ダンリー（ラーティー）　　　　　　　　　　カーンドウ
彈力（拉提）　ハリ・弾力（リフトアップ）　抗痘　ニキビケア

何かお悩みはありますか？
ヨウ シェンモ ファンナオ マ
有 什麼 煩惱 嗎？

ニキビが気になります。
ウォ ザイイー チーンチュンドウ
我 在意 青春痘。

ジョウウェン　　　　ヘイイエンジュエン　　　ジーフーガンザオ
皺紋　シワ　黒眼圈　クマ　肌膚乾燥　肌の乾燥

マオコーン　　　アンチェン　　　ソーンチー
毛孔　毛穴　暗沉　くすみ　鬆弛　たるみ

乾燥肌です。
ガンシーンジーフー
乾性肌膚。

ヨウシーンジーフー　　　　　　　　ミンガンジーフー
油性肌膚　脂性肌（オイリー肌）　敏感肌膚　敏感肌

ホンホージーフー
混合肌膚　混合肌

会計

300元です。
サンバイユエン
300元。

支払いはカードでお願いします。
マーファン ニー ウォ ヤオ ヨーン シンヨーンカー フーフェイ
麻煩 你，我 要 用 信用卡 付費。

🌸 美しい女性へのほめ言葉「水喔！（すいオー）」は、「きれい！」を意味する台湾語。

121

指さしながら買い物しよう

コスメ関連用語カタログ

❧ スキンケア用品・クレンジング <ruby>保養用品<rt>バオヤーンヨーンピン</rt></ruby>・<ruby>卸妝<rt>シエジュアーン</rt></ruby> ❧

化粧水	乳液	美容液	クリーム
ホアジュアーンシュイ	ルーイー	メイローンイー	ルーシュアーン
化妆水	乳液	美容液	乳霜

アイクリーム	パック（シートマスク）	ピーリング	スクラブ
イエンシュアーン	ミエンモー	チュージアオジー	モーシャーガオ
眼霜	面膜	去角質	磨砂膏

	洗顔料	クレンジング（メイク落とし）	
	ジエミエンルー	シエジュアーンルー	
	潔面乳	卸妝乳	

❧ 化粧品（メイクアップ） <ruby>化妝品<rt>ホアジュアーンピン</rt></ruby>（<ruby>彩妝品<rt>ツァイジュアーンピン</rt></ruby>） ❧

リップクリーム	メイクアップベース	ファンデーション	口紅
フーチュンガオ	ゴーリーシュアーン	フェンディー	コウホーン
護唇膏	隔離霜	粉底	口紅

リップグロス	マスカラ	アイブロウ	コンシーラー
チュンミー	ジエマオガオ	メイビー	ジョーシャガオ
唇蜜	睫毛膏	眉筆	遮瑕膏

	チーク	マニキュア	
	サイホーン	ジージアヨウ	
	腮紅	指甲油	

❀ ボディケア・ヘアケア　身體保養・頭髮保養 ❀
シェンティーバオヤーン　トウファバオヤーン

ハンドクリーム	ボディクリーム	石けん	ボディーソープ
フーショウシュアーン	シェンティールー	フェイザオ	ムーユールー
護手霜	身體乳	肥皂	沐浴乳

シャンプー	リンス	トリートメント	ヘアエッセンス
シーファジーン	ルンスージーン	フーファルー	フーファイ
洗髮精	潤絲精	護髮乳	護髮液

	ヘアワックス	日焼け止め	
	ファラー	ファーンサイル	
	髮蠟	防曬乳	

❀ 成分　成份 ❀
チョンフェン

ショウガ	ハチミツ	ハトムギ	緑豆
ジアーン	フォンミー	イーレン	リュードウ
薑	蜂蜜	薏仁	綠豆

ヘチマ	アロエ	苦茶油	漢方
スーグア	ルーホイ	クーチャーヨウ	ハンファーン
絲瓜	蘆薈	苦茶油	漢方

	天然生薬	燕の巣	
	ティエンランヤオウー	イエンウォ	
	天然藥物	燕窩	

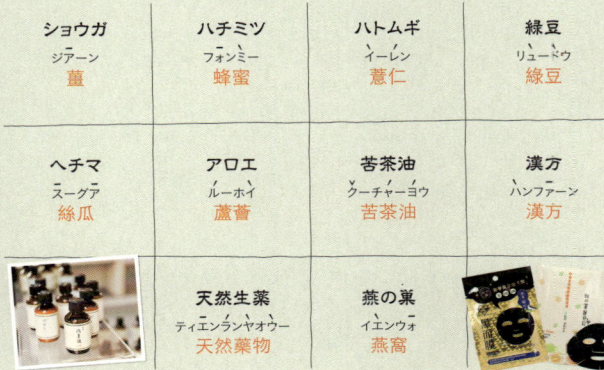

🌸 台湾ではオーガニックコスメのほか、ハチミツやお茶などの天然成分を配合したコスメが人気。

ドラッグストア
完全シミュレーション

? What is

『ドラッグストア』

台湾のドラッグストアは日本の店舗と大差はないが、台湾ならではの原料や漢方を使用した商品も多く取り揃えている。店内でよく見かける「買一送○（マイイーソーン○）」は、1個購入につき○個オマケという意味。購入時は○の中の個数を足してレジに進もう。

入店

風邪薬はどこですか？
チーンウェン ガンマオヤオ ザイ ナーリー
請問 感冒藥 在 哪裡？

トウトーンヤオ		チャーンウェイヤオ		ジーシエヤオ	
頭痛藥	**頭痛薬**	腸胃藥	**胃腸薬**	止瀉藥	**下痢止め**

ファーンウェンイー		ジーヤーンヤオ	
防蚊液	**虫除けスプレー**	止癢藥	**かゆみ止め**

日本製の薬はありますか？
ヨウ リーベンジー ダ ヤオ マ
有 日本製 的 藥 嗎？

台湾のドラッグストアには日本製の薬が置いてある場合も多い

1枚ずつ売っているシートマスクはありませんか？
ヨウ メイヨウ マイ ダンピエン ミエンモー
有 沒有 賣 單片 面膜？

購入

「買一送一」は1個買うともう1個もらえる

買一送一の商品です。
ジョー シー マイイーソーンイー ダ シャーンピン
這是 買一送一 的 商品。

もう1つ持ってきてください。
チーン ザイ ナーイーゴ ライ
請再 拿一個 來。

あと500元でギフトがもらえます。
ザイ ウーバイユエン ジウ コー ダーダオ リーウー
再 500元 就 可 得到 禮物。

SHOPPING

茶葉＆茶器

みやげ

台湾花布

ファッション

コスメ＆ドラッグストア

これください。
チーン　ゲイ　ウォ　ジョーゴ
請　給　我　這個。

指さしながら買い物しよう
ドラッグストアの定番商品カタログ

シートマスク
ミエンモー
面膜

真っ黒シートや燕の巣配合など種類も豊富でリーズナブル。

万能オイル
（緑油精、白花油）
ウンノンヨウ（リューヨウジーン バイホアヨウ）
萬能油（綠油精、白花油）

台湾では一家に1個の常備薬。かゆみ止めや鎮痛にも。

緑豆洗顔料
リュードウジエミエンヤオスー
綠豆潔面要素

成分は緑豆、ハトムギなどの天然成分のみ。パックにも使える。

漢方ドリンク（四物飲）
ハンフーンインビン（スーウーイン）
漢方飲品（四物飲）

トウキ、シャクヤクなどを使用。生理後に飲むとよいとされる。

アズキパウダー
ホーンドウシュイ
紅豆水

水などに溶かして飲む。ダイエットやむくみ解消に。

のど飴
ルンホウターン
潤喉糖

キキョウなどの植物とハチミツで作った天然のど飴が人気。

シートマスクの成分

ヒアルロン酸 ボーニアオスアン 玻尿酸	**コラーゲン** ジアオユエンダンバイ 膠原蛋白	**燕の巣** イエンウォ 燕窩	**キャビア** ユイズー 魚子
ハトムギ イーレン 薏仁	**ロイヤルゼリー** フォンウーンジアーン 蜂王漿	**パール（ブラックパール）** ヘイジェンジュー 黑珍珠	**麹（紅麹）** チュー（ホーンチュー） 麴（紅麴）

ドラッグストアのシートマスクは箱売りが多い。店舗により1枚から買える場合も。

ハレときどきタビ 你吃飯了嗎？

ニー チー ファン ラ マ

「ごはん食べた？」はごあいさつ

☀ ハレ's advice ▶ 「ごはん食べた？」は誘いの言葉ではない

所変われば習慣も変わる。台湾ではあいさつとして「ごはん食べた？」がよく使われるよ。こう聞かれたら、本当に食事に誘われている可能性もあるけど、あまり親しくない間柄なら単なるあいさつと思った方がいいね。「吃飯了沒？（チーファンラメイ）」ともいうよ。

☘ 中国語と台湾語で言ってみよう ☘

	中国語	台湾語
こんにちは。 （ごはんを食べましたか？）	ニー チーファン ラ マ 你 吃飯 了 嗎？	ちゃっぱーべー 呷飽没。
はい、食べました。	ウォ チー グオ ラ 我 吃 過了。	ちゃっぱあ 呷飽啊。
いいえ、食べていません。	ウォ ハイ メイ チーファン 我 還没 吃飯。	あべちゃっ 猶未呷。

ハレ旅会話

台湾
中国語

BEAUTY

基本フレーズ

マッサージやエステサロンで
必須のフレーズをまとめてチェック！

マッサージ
感想
フレーズ

気持ちいいです。
ヘン　シューフー
很 舒服。

痛い！
ハオ　トーン
好 痛！

もっと強くしてください。
チーン　ザイ　ジョーン　イーディエン
請 再 重 一點。

ちょうどいいです。
ガーンガーン　ハオ
剛剛 好。

もっと弱くしてください。
チーン　ザイ　チーン　イーディエン
請 再 輕 一點。

気分が悪くなりました。
ブーシューフー　ラ
不舒服 了。

温度
フレーズ

熱いです。／冷たいです。
ヘン　ターン／ヘン　ビーン
很 燙。／很 冰。

暑いです。／寒いです。
ヘン　ロァ／ヘン　ロン
很 熱。／很 冷。

暖かいです。
ヘン　ヌアンホォ
很 暖和。

生理中ですが、マッサージできますか？
シエンザイ ユエジーンチー コーイー アンモー マ
現在 月經期，可以 按摩 嗎？

質問
フレーズ

トイレはどこですか？
シーショウジエン ザイ ナーリー
洗手間 在 哪裡？

どんな効果が
ありますか？
ヨウ シェンマヤーン ダ シャオグオ
有 什麼樣 的 效果？

下着まで全部
脱ぎますか？
シューヤオ トゥオ ネイイー マ
需要 脱 內衣 嗎？

荷物はどこに置けばいいですか？
シーンリー ファーン ナーリー ハオ ナ
行李 放 哪裡 好 呢？

コースを変更したいのですが。
ウォ シャーンヤオ ホアン フーウーシャーンムー
我 想要 換 服務項目。

メニュー表を見せてもらえますか？
チーン ゲイ ウォ カン イーシャ フーウーシャーンムービアオ ハオマ
請 給 我 看 一下 服務項目表，好嗎？

足裏マッサージ
完全シミュレーション

? What is 『足裏マッサージ』

現地の人たちも、日頃から疲労回復のために気軽に利用しているマッサージ店。飛び込みですぐに利用できる場合も多いが、技術の高い人気店やマッサージ師は待たなければならないこともある。予約は電話のほかにインターネットでできる店舗もあるので利用しよう。

❀ 予約シミュレーション ❀

 電話

もしもし、予約をお願いします。
ウェイ ウォ ヤオ ユィユエ
喂，我 要 預約。

日本語ができる人はいますか？
ヨウ メイヨウ ホイ ジアーン リーユィ ダ レン
有 沒有 會 講 日語 的 人？

はい、少々お待ちください。
ヨウ チーン シャオドン
有，請 稍等。

すみません、日本語ができる店員はおりません。
ドゥイプーチー メイヨウ ホイ ジアーン リーユィ ダ レン
對不起，沒有 會 講 日語 的 人。

何時から、何名様ですか？
チーンウェン ニン シャーンヤオ ジーディエン カイシー ズオ ジーウェイ ナ
請問，您 想要 幾點 開始 做？ 幾位 呢？

午後8時から2名です。
ツォーン シャウ バーディエン カイシー リアンウェイ
從 下午 8點 開始，兩位。

 P.192 時間・数字は

かしこまりました。
ジーダオ ラ
知道 了。

すみません、その時間は予約がいっぱいです。
ドゥイブーチー　ナーゴ　シージェン　イージーン　コーマン　ラ
對不起，那個 時間 已經 客滿 了。

9時はどうですか？
ジウディエン　ゼンモヤーン　ナ
9點 怎麼樣 呢？

大丈夫です。
メイウェンティー
沒問題。

コースは何にしますか？
ニン　ヤオ　ナーゴ　フーウーシャンムー　ナ
您 要 哪個 服務項目 呢？

足裏マッサージをお願いします。
ウォ　ヤオ　ズオ　ジアオディー　アンモー
我 要 做 腳底 按摩。

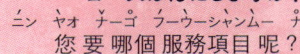

チュエンシェン	シャーンバンシェン	ジーンヨウ
全身	上半身	精油
全身	上半身	オイル

40分コースと60分コースがあります。
ヨウ　スーシーフェンジョーン　ゲン　リウシーフェンジョーン　ダ　フーウーシャンムー
有 40分鐘 跟 60分鐘 的 服務項目。

60分でお願いします。
ウォ　ヤオ　ズオ　リウシーフェンジョーン　ダ
我 要 做 60分鐘 的。

女性スタッフはいますか？
ヨウ　メイヨウ　ニュディエンユエン　ナ
有 沒有 女店員 呢？

はい、女性スタッフがおります。／すみません、おりません。
ヨウ　ニュショーン　ダ　ディエンユエン／ドゥイブーチー　メイヨウ
有，女生 的 店員。／對不起，沒有。

では、9時に伺います。
ナーマ　ジウディエン　グオチュー
那麼，9點 過去。

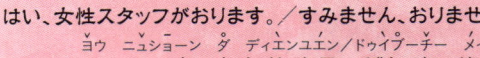

マッサージを受けると血液の循環がよくなりアルコールが回りやすい。施術直前の飲酒はやめよう。

入店

予約している○○です。／
予約していないのですが、できますか？

ウォ ヨウ ユィユエ ウォ ジアオ ○○
我 有 預約。我 叫 ○○。／
ウォ メイヨウ ユィユエ シエンザイ ノン ズオ アンモー マ
我 没有 預約。現在 能 做 按摩 嗎？

大丈夫です。
メイウェンティー
没問題。

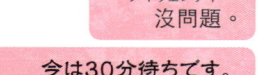

今は30分待ちです。
シエンザイ ヤオ ドン サンシー フェンジョーン
現在 要 等 30分鐘。

会計は先払いです。
チーン シエン フーチエン
請 先 付錢。

靴はそこに入れてください。
シエズ チーン ファーン ザイ ナーリー
鞋子 請 放 在 那裡。

鍵を持ってきてください。
チーン ゲイ ウォ ヤオシ
請 給 我 鑰匙。

これに着替えてください。
チーン ホアンシャーン ジョー ジエン イーフ
請 換上 這 件 衣服。

更衣室はどこですか？
ゴンイーシー ザイ ナーリー
更衣室 在 哪裡？

同じ部屋で受けられますか？
ノン ブーノン ザイ トーン イーゴ ファーンジエン アンモー
能 不能 在 同 一個 房間 按摩？

強さはどうですか？
リーダオ ゼンモヤーン ナ
力道 怎麼樣 呢？

気持ちいいです。
ヘン シューフー
很 舒服。

もう少し強く（弱く）してください。
ザイ ジョーン（チーン） イーディエン
再 重（輕）一點。

痛い！
ヘン トーン
很 痛！

そこは触らないでください。
チーン ブーヤオ ポン ナー
請 不要 碰 那。

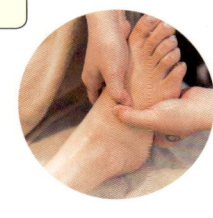

マッサージ

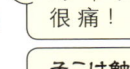
足のツボ一覧は **P.135**

胃が疲れています。
ウェイ シャオホア ブーリアーン ラ
胃 消化 不良 了。

婦人科系が悪いです。
フーコー シートーン ブーハオ
婦科 系統 不好。

台湾式シャンプー

お水をください。
チーン ゲイ ウォ イーベイ シュイ
請 給 我 一杯 水。

気分が悪くなりました。
ブーシューフー ラ
不舒服 了。

トイレはどこですか？
シーショウジエン ザイ ナーリー
洗手間 在 哪裡？

暑いです。／寒いです。
ヘン ロア ／ ヘン ロン
很 熱。／ 很 冷。

変身写真

施術中に気持ちよくなって眠ってしまうことも。手荷物の管理には十分に気をつけて。

体のお悩み解消フレーズ

気になる体の部位をピンポイントで覚えてみよう。マッサージ師とコミュニケーションを
とりながら施術を受ければ、リフレッシュ効果も倍増するかも。

全身 体の部位

你好

頭髪／頭髪 トゥファ

まゆげ／眉毛 メイマオ

顔／臉 リエン

肌／皮膚 ピーフー

肩／肩膀 ジエンバーン

胸／胸部 ショーンブー

おなか／肚子 ドゥーズ

頭／頭 トウ

目／眼睛 イエンジーン

耳／耳朵 アルドゥオ

鼻／鼻子 ビーズ

口／嘴巴 ズイバー

のど／喉嚨 ホウローン

腕／手腕 ショウウン

手／手 ショウ

腰／腰 ヤオ

足／脚 ジアオ

お悩みフレーズ

頭が痛いです。
トウ ヘントーン
頭 很 痛。

顔がむくんでいます。
リエン シュイジョーン
臉 水腫。

目が疲れています。
イエンジーン ピーレイ
眼睛 疲累。

乾燥しています。
ピーフー ガンザオ
皮膚 乾燥。

のどが痛いです。
ホウローントーン
喉嚨 痛。

肩が凝っています
ジエンバーン スアントーン
肩膀 痠痛。

贅肉を取りたいです。
ウォ シャーン トゥイジー
我 想 推脂。

腕が上がりません。
ショウウン ジュー ブーチーライ
手腕 舉 不起來。

リンバを流してください。
リンバー シュートーン
淋巴 疏通。

便秘です。
ビエンミー
便秘。

腰が痛いです。
ヤオ スアントーン
腰 痠痛。

足裏

強めに（弱めに）押してください。
チーン アン ジョーン（チーン）イーディエン
請 按 重（輕）一點。

気持ちいいです。
ヘン シューフー
很 舒服。

① **頭／頭** トウ
② **鼻／鼻子** ビーズ
③ **頸部／頸部** ジーンブー
④ **目／眼睛** イエンジーン
⑤ **耳／耳朵** アルドゥオ
⑥ **肺、気管支／肺、支氣管**
フェイ ジーチーグアン

⑦ **肩／肩膀** ジエンバーン
⑧ **心臓／心臓** シンザーン
⑨ **肝臓／肝臓** ガンザーン
⑩ **胃／胃** ウェイ
⑪ **十二指腸／十二指腸**
シーアルジーチャーン
⑫ **腎臓／腎臓** ジエンザーン
⑬ **小腸／小腸** シャオチャーン
⑭ **直腸／直腸** ジーチャーン
⑮ **膀胱／膀胱** バーングアーン
⑯ **骨盤、卵巣、睾丸／**
骨盆、卵巢、睪丸
グーパン ルアンチャオ ガオウン

○○が悪いですね。
ブーハオ
○○不好。

痛い！
ハオ トーン
好痛！

🦶 台湾式のマッサージは圧が強め。痛いときははっきり伝えよう。

台湾式シャンプー
完全シミュレーション

? What is 『台湾式シャンプー』

座席に座ったまま髪を洗う伝統的な台湾式シャンプー。洗髪液や水を滴らせることなく洗い上げる様は見事で、観光客にも人気が高い。

肩や首の簡単なマッサージもしてくれる場合が多く、気軽にできる気分転換として地元の女性客たちも頻繁に利用している。

入店

シャンプーをしたいのですが。
ウォ ヤオ シー トウファ
我 要 洗 頭髮。

どのコースになさいますか?
ニーヤオ ナーゴ フーウーシャーンムー
你 要 哪個 服務項目?

メニューリストを見せてください。
チーン ゲイ ウォ カン イーシャ フーウーシャーンムービァオ
請 給 我 看 一下 服務項目表。

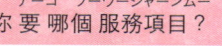

このコースでお願いします。
ウォ ヤオ ジョー タオ フーウー
我 要 這套 服務。

何分くらいかかりますか?
ダーガイ シューヤオ ジーフェンジョーン
大概 需要 幾分鐘?

40分くらいです。
ダーガイ スーシーフェンジョーン ズオヨウ
大概 40分鐘 左右。

施術

力加減は大丈夫ですか?
リーダオ コーイー マ
力道 可以 嗎?

気持ち悪いところはありませんか?
ハイヨウ シェンモディーファーン ブーシューフー
還有 什麼地方 不舒服?

気持ちいいです。
ヘン シューフー
很 舒服。

少し強く（弱く）してください。
チーン ザイ ヨーンリー（チーン）イーディエン
請 再 用力 （輕） 一點。

写真を撮ってもらえますか？
チーン バーン ウォ パイジャオ ハオ マ
請 幫 我 拍照 好 嗎？

ミッキーの形にできますか？
ノンブーノン バー トウファ ズオチョン ミーラオシュー ダ シーンジュアン
能不能 把 頭髪 做成 米老鼠 的 形狀？

シャオローンバオ	シンシン	モーホオコー
小籠包 小籠包	心心 ハート形	莫霍克 モヒカン

すすぎはシャンプー台で
することが多い

シャンプーを流します。
チョーン イーシャ シーファジーン
沖 一下 洗髮精。

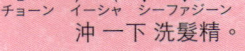

こちらへどうぞ。
チーン ジョービエン ゾウ
請 這邊 走。

トリートメントもしてもらえますか？
コーイー バーン ウォ フーファ マ
可以 幫 我 護髮 嗎？

追加料金がかかります。
シューヤオ リーンウイ ジア チエン
需要 另外 加錢。

はい、大丈夫です。／では、やめておきます。
ハオダ メイウェンティー／ナーモ ブーヨーンラ
好的，沒問題。／那麼，不用了。

「癢（ヤーン）」は、「かゆい」の意味。流し足りない箇所などあれば指さしながら伝えてみよう。

変身写真
完全シミュレーション

『変身写真』

変身写真は、結婚前に撮る記念写真を一般向けにアレンジしたサービス。カウンセリングで希望の撮影イメージを伝えたあとは、衣装

選び、ヘアメイク、撮影までをトータルでプロが行う。撮影はスタジオや野外などプランによってさまざまで、モデル気分を味わえる。

入店

予約していた○○です。
ウォ シー ヨウ ユィユエ ダ ○○
我 是 有 預約 的 ○○。

変身写真は事前予約必須の店が多い

お姫様みたいに撮影したいです。
ウォ シーワーン バイチョン ゴーンジゥー ダ ヤーンズ
我 希望 拍成 公主 的 樣子。

ジーンリーン	ニュウワーン	ミーンシーン	オウシャーン
精霊 妖精	女王 女王	明星 芸能人	偶像 アイドル

ドレス選び

ほかのドレスも見せてください。
チーン ゲイ ウォ カン イーシャ ビエダ ウンリーフー
請 給 我 看 一下 別的 晩禮服。

チーパオ	ホンシャー
旗袍 チャイナドレス	婚紗 ウェディングドレス

メイク

つけまつげは付けますか?
シューヤオ ティエ ジアジエマオ マ
需要 貼 假睫毛 嗎?

希望の髪型はありますか?
ヨウ シーワーン ダ ファシーン マ
有 希望 的 髪型 嗎?

お任せします。
チーン バーン ウォ ジュエディーン ハオ
請 幇 我 決定 好。

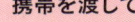
切り抜きを見せて

こんな感じにしてください。
シャーンヤオ ズオ ジョーゴ ヤーンズ
想要 做 這個 樣子。

希望の完成イメージを
持っていくとスムーズ！

カメラを見てください。
チーン カン シャーンジー
請 看 相機。

携帯を渡して

撮影中の写真を撮ってください。
チーン バーン ウォ バイ バイショー グオチョン
請 幫 我 拍 拍攝 過程。

これにします。
ウォ ヤオ ジョー イージャーン
我 要 這 一張。

写真を指さして

肌をきれいにしてください。
チーン バー ピーラー シウ ピアオリアーン
請 把 皮膚 修 漂亮。

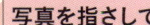

トゥイシウシー
腿修細 脚を細く

トゥイシウチャーン
腿修長 脚を長く

イニンジーンシウダー
眼睛修大 目を大きく

CDは2時間後に出来上がります。
シーディー リアーンゴシャオシー ホウ コーイー ノーンハオ
CD兩個小時 後 可以 弄好。

あとで取りに来ます。
ドン イーシャ ライ ナー
等 一下 來 拿。

ミーンティエン
明天 明日

ホウティエン
後天 明後日

サンティエンホウ
3天後 3日後

日本に送ってもらえますか？
コーイー ジーダオ リーベン マ
可以 寄到 日本 嗎？

可愛

日本に届くのはいつ頃ですか？
シェンモシーホウ ダオ リーベン
什麼時候 到 日本？

✿ 所要時間はプランによってさまざまだが、カウンセリングから帰るまで約3時間を目安に。

139

ハレときどきタビ 先生和老婆

シエン ショーン ホー ラオ ポー

「老婆」が新妻!?

タビくん、紹介するわ

ジョー シー ウォ シエン ショーン
這是我 先生

よろしく！

先生と生徒にしては仲が良すぎる…

先生は亭主という意味だよ

ドキドキ

ウォ ラオ ポー ヘン ピアオ リアーン
我老婆很漂亮〜♡

美人だろ〜？

老婆??

えっ

ああ見えてすごい歳だったりするのか…

老婆は奥さんって意味だよ〜

美魔女…

アハハ

☀ ハレ's advice 　同じ漢字でも意味の違う単語が多い

一見理解できそうな単語でも、日本語と中国語では意味が異なる場合があるよ。ときには全く違う意味にもなりえるので注意が必要なんだ。「先生」は夫のことで、男性の名前の後ろにつけて「〜さん」という意味にもなる。「老婆」は年齢に関係なく妻を指す言葉だよ。

❀ 夫と妻の呼びかけいろいろ ❀

夫	ジャーンフー 丈夫 夫、主人	シエンショーン 先生 夫、主人	ラオゴーン 老公 丈夫よりもくだけた言い方。亭主、ダンナ	
妻	チーズ 妻子 妻、家内	タイタイ 太太 妻、家内、夫人、奥様。上品な感じがあり、他人の奥さんにも使われる	ラオポー 老婆 妻子よりもくだけた言い方。嫁さん、カミさん	フーレン 夫人 家柄のいい女性に対して用いる

中国大陸だと「愛人」は「妻」という意味に！ 台湾では純粋に「愛する人」の意味になるよ。台湾で使われる日本語の「愛人」を意味する言葉は、「小三（シャオサン）」、「小老婆（シャオラオポー）」などだよ。

ハレ旅会話

台 湾
中国語

TOURISM

観光スポット

完全シミュレーション

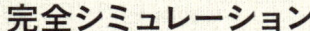

『観光スポット』

台湾のメジャーな観光スポットには、日本語パンフレットなど、日本人向けのサービスがあることも少なくない。また、台湾で使用されている漢字は、日本で使用しているものとほぼ同じなので、もし意思疎通に困ったら、筆談に頼ってみるのもよい方法だ。

チケット購入

入場券は必要ですか?
シューヤオ メンピアオ マ
需要 門票 嗎?

はい。こちらで購入してください。／いいえ。そのままお入りください。
シューヤオ チーン ザイ ジョーリー ゴウマイ／ブーシューヤオ チーン ジージエ ジンチュー
需要。請 在 這裡 購買。／不需要。請 直接 進去。

入場料はいくらですか?
メンピアオ ドゥオシャオ チエン
門票 多少 錢?

250元です。
リアーンバイウーシーユエン
250元。

大人2枚ください。
チーン ゲイ ウォ リアーンジャーン チォンレンピアオ
請 給 我 兩張 成人票。

質問・要望

日本語のパンフレットをください。
チーン ゲイ ウォ リーユィジエンジエ
請 給 我 日語簡介。

ここに入ってもいいですか?
コーイー ジン ジョーリー マ
可以 進 這裡 嗎?

写真を撮ってもいいですか？
コーイー　パイジャオ　マ
可以 拍照 嗎？

大丈夫です。／禁止されています。
コーイー／ジンジーパイジャオ
可以 。／禁止拍照 。

今日は何時までですか？
ジンティエン　ダオ　ジーディエン
今天 到 幾點？

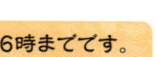

6時までです。
ダオ　リュウディエン
到 6點 。

荷物を預かってもらいたいのですが。
シーウーン　バー　シーンリー　ジーファン　ザイ　ジョーリー
希望 把 行李 寄放 在 這裡 。

インフォメーションセンターはどこですか？
シュンウェンチュー　ザイ　ナーリー
詢問處 在 哪裡？

おみやげはどこで買えますか？
ザイ　ナーリー　コーイー　マイダオ　トゥーチャン
在 哪裡 可以 買到 土產？

一番近いトイレはどこですか？
ズイジン　ダ　シーショウジエン　ザイ　ナーリー
最近 的 洗手間 在 哪裡？

休憩できる場所はどこですか？
コーイー　シウシー　ダ　ディーファン　ザイ　ナーリー
可以 休息 的 地方 在 哪裡？

観光名所のなかには撮影が禁止されているところもあるので気をつけよう。

台北見どころ
必勝フレーズ

見どころ 1

国立故宮博物院 　グオリーグーゴーンボーウーユエン
　　　　　　　　　國立故宮博物院

日本語の音声ガイドはどこで借りられますか？
リーユイ　ダ　ユイインダオラン　ザイ　ナーリー　コーイー　ジエダオ
日語 的 語音導覽 在 哪裡 可以 借到？

翠玉白菜の展示場所はどこですか？
ツイユイバイツァイ　ダ　ジャンシーチャーンスオ　ザイ　ナーリー
翠玉白菜 的 展示場所 在 哪裡？

出口（入口）はどこですか？
チューコウ（ルーコウ）　ザイ　ナーリー
出口（入口）在 哪裡？

写真を撮ってもいいですか？
コーイー　パイジャオ　マ
可以 拍照 嗎？

見どころ 2

台北101 　タイベイイーリーンイー
　　　　台北101

○○に行くにはどの駅で降りますか？
ヤオ チュー ○○ ザイ ナーゴ チャージャン シャチョー
要 去 ○○ 在 哪個 車站 下車？

レストランはどこですか？
ツァンティーン ザイ ナーリー
餐廳 在 哪裡？

よく
見える！

展望台はどこですか？
ジャンウーンタイ ザイ ナーリー
展望台 在 哪裡？

ボクたち
ダンバー
ベイビー

よい撮影スポットを教えてください。
チーン ガオスー ウォ ハオ ダ シャーイーン ジーンディエン
請 告訴 我 好 的 攝影 景點。

見どころ3 淡水 <ruby>淡水<rt>ダンシュイ</rt></ruby>

自転車はどこで借りられますか？
ジアオターチョー　ザイ　ナーリー　コーイー　ジエダオ
腳踏車 在 哪裡 可以 借到？

フェリー乗り場はどこですか？
ドゥーチュアン　マートウ　ザイ　ナーリー
渡船 碼頭 在 哪裡？

夕日はどこで見られますか？
シーヤーン　ザイ　ナーリー　コーイー　カンダオ
夕陽 在 哪裡 可以 看到？

おいしいお店を教えてください。
チーン　ガオスー　ウォ　ハオチー　ダ　ツァンティーン
請 告訴 我 好吃 的 餐廳。

見どころ4 九份 <ruby>九份<rt>ジウフェン</rt></ruby>

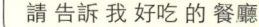

日本語のツアーに申し込みたいのですが。
ウォ　シャーン　バオミーン　リーユィヨウラン
我 想 報名 日語遊覽。

このバスは九份に行きますか？
ジョーゴ　ゴーンチョー　ホイ　ダオ　ジウフェン　マ
這個 公車 會 到 九份 嗎？

景色のいいカフェを教えてください。
チーン　ガオスー　ウォ　ジーングアン　ハオ　ダ　カーフェイティーン
請 告訴 我 景觀 好 的 咖啡廳。

何時にここに戻ってくればいいですか？
ジーディエン　ホイライ　ジョーリー　ハオ　ナ
幾點 回來 這裡 好 呢？

【Spot Catalog】そのほかの見どころ

中正紀念堂	国父紀念館	龍山寺	台北霞海城隍廟
ジョーンジョンジーニエターン	グオフージーニエングアン	ローンシャンスー	タイベイシャハイチョンホアーンミアオ
中正紀念堂	國父紀念館	龍山寺	台北霞海城隍廟
行天宮	**総統府**	**監察院**	**司法大廈**
シーンティエンゴーン	ゾーントーンフー	ジエンチャーユエン	スーファーダーシャ
行天宮	總統府	監察院	司法大廈

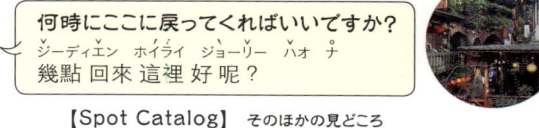

台北101のマスコット、ダンバーベイビーの中国語名は「風阻尼器（フォンズーニーチー）」。

観光スポット

寺

占い

エンタメ

温泉

..思い出の一枚をパチリ!..
写真撮影フレーズ

旅の思い出作りに観光スポットでの写真撮影は必須。撮影をお願いする際の
フレーズを確認して、ベストショットを記録しよう! ただし、博物館内など
撮影が禁止されている施設や場所もあるので気をつけよう。

お願いフレーズ

フラッシュを
たいてください。
チーン　ヨーン　シャングアーンドン
請 用 閃光燈。

写真を撮ってください。
チーン　バーン　ウォ　パイジャオ
請 幫 我 拍照。

ジャンプしたときに
撮ってください。
ティアオチーライ　ダ　シーホウ　バーン　ウォ　パイ
跳起來 的 時候 幫 我 拍。

ここを
押してください。
チーン　アン　ジョーリー
請 按 這裡。

台北101が入るように撮ってください。
チーン　バー　タイペイイーリーンイー　パイジンチュー
請 把 台北101 拍進去。

グオリーグーゴーンボーウーユエン 國立故宮博物院 **国立故宮博物院**	ジョーンジョンジーニエンターン 中正紀念堂 **中正紀念堂**
グオフージーニエングアン 國父紀念館 **国父紀念館**	ローンシャンスー 龍山寺 **龍山寺**	ジャオパイ 招牌 **看板**	メン 門 **門**
タイペイシャハイチョンホアーンミアオ 台北霞海城隍廟 **台北霞海城隍廟**	シーンティエンゴーン 行天宮 **行天宮**	ジエンジューウー 建築物 **建物**

一緒に写真に
入ってくれませんか？
ノンブーノン イーチー パイジャオ
能不能 一起 拍照？

かっこよく撮ってください。
チーン バーン ウォ パイダ シュアイ イーディエン
請 幫 我 拍得 帥 一點。

1、2、3、チーズ！
イーアルサン チースー
1、2、3、起司！

かわいく撮ってください。
チーン バーン ウォ パイダ コーアイ イーディエン
請 幫 我 拍得 可愛 一點。

逆光ですね。
ニーグァーン
逆光。

写真を見てひと言

もう1回撮ってください。
チーン ザイ パイ イーツー
請 再 拍 一次。

ぶれていますね。
ヨウイーディエン ドウ
有一點 抖。

よく撮れていますね。
ジャオダ ヘン バーン
照得 很棒。

台湾の人は自分撮りが大好き。観光名所ではモデルさながらにポーズを決めて撮影している。

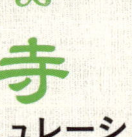

寺

完全シミュレーション

? **What is** 　　　　　　　　　『寺』

参拝に訪れたり、周囲のスペースで憩いの時間を過ごしたり、人々の生活に溶け込んでいる台湾の寺院。有名な寺院ともなると早朝から夜間まで参拝の人波は途切れることがない。香（シアーン）という長い線香は、点火したら危険を避けて高く掲げて持ち歩こう。

寺にて

参拝方法を教えてください。
チーン ジアオ ウォ ツァンバイ ファンファ
請 教 我 参拝 方法。

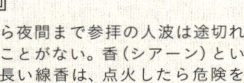

お供え物はどこで買えますか?
ゴーンピン ザイ ナーリー コーイー マイダオ
供品 在 哪裡 可以 買到?

おみくじを引きたいです。
ウォ シャーン チョウチエン
我 想 抽籤。

お祓いをしたいです。
ウォ シャーン チューシエ シャオザイ
我 想 驅邪 消災。

何の神様ですか?
ジョーシー シェンモ シェンミーン
這是 什麼 神明?

 P.149  神様一覧は

お守りはどこで買えますか?
フーシェンフー ザイ ナーリー コーイー マイダオ
護身符 在 哪裡 可以 買到?

写真を撮ってもいいですか?
コーイー ジャオシャーン マ
可以 照相 嗎?

大丈夫です。
コーイー
可以。

参拝時に役立つ
寺・神様カタログ

神様

月下老人
ユエシャラオレン
月下老人

關聖帝君
グアンショーンディージュン
關聖帝君

文昌帝君
ウェンチャーンディージュン
文昌帝君

註生娘娘
ジューショーンニアーンニアーン
註生娘娘

城隍爺
チョンホアーンイエ
城隍爺

城隍夫人
チョンホアーンフーレン
城隍夫人

大魁星君
ダークイシーンジュン
大魁星君

媽祖
マーズー
媽祖

関連用語

	お供え物	香炉	お祓い
	ゴーンピン	シアーンルー	チューシエ シャオザイ
	供品	香爐	驅邪 消災
お守り	**線香**	**お祈り**	**おみくじ**
フーシェンフー	シャーン	チーチウ	チエン
護身符	香	祈求	籤
お参り	**道教**	**土地公**	**プロテスタント**
バイバイ	ダオジアオ	トゥーディーゴーン	シンジアオ
拜拜	道教	土地公	新教
廟	**仏教**	**カトリック**	**イスラム教**
ミアオ	フォジアオ	ティエンジュージアオ	イースーランジアオ
廟	佛教	天主教	伊斯蘭教

寺院内は混雑することもある。リュックは前に抱えるなど手荷物には気を付けて参拝しよう。

How to レレレ TOURISM

参拝してみよう

台湾の街なかには寺や廟がいくつもあり、地元の人が熱心にお参りをしている。
参拝方法やおみくじの引き方が日本と異なるので確認しよう。

お参り　拝拝 (バイバイ)　龍山寺を例に、一般的な参拝方法をチェック！

1 左足から境内に入る

境内に入るときは左足から入るのがルール。敷居を踏まないように気をつけよう。

2 線香&お供えを購入する

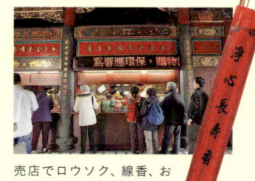

売店でロウソク、線香、お供えを購入。現地の人はロウソクは購入せず、すでに火が付いた線香で自分の線香に着火することが多い。

3 お供えを前殿の台へ

ロウソクは点火して燭台へ。お供えは前殿の台に。皿があるので盛りつけて供えよう。

4 線香に着火し前殿で3拝

点火した線香を頭上に掲げ、3回拝礼する。氏名、住所、生年月日を告げてから祈願しよう。

5 香炉に線香を立てる

前殿奥の香炉に線香を1本立てる。線香は境内にある香炉に1本ずつ供えながらお参りしていく。

6 正殿&後殿でも同様に3拝

点火した線香を頭上に掲げ、3回拝礼。本尊を祀る本殿、そのほかの神様が祀られる後殿も同様に回る。

お供え　供品 (ゴーンピン)

お供えは必須ではないが、用意するのが一般的。境内では紙のお金やお菓子などが売られている。また果物（種の少ないものに限る）や野菜などを持参してもOK。

ネギ …… 蔥 (ツォーン)
セロリ …… 芹菜 (チンツァイ)
大根 …… 蘿蔔 (ルオポ)
お菓子 …… 點心 (ディエンシン)

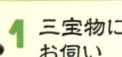
おみくじ 籤（チェン）

多くの寺に用意されているおみくじは、札を引くまでにもプロセスが。

1 三宝物にお伺い

聖筊と呼ばれる赤い木片の平面を内側にして合わせ持ち、手を合わせる。自己紹介をし、運勢を知りたいことについて心の中で尋ねる。

2 赤い木片を投げる

聖筊を投げ、神様に「そもそもくじを引くべきか」を尋ねる。木片が裏表出たらくじを引いてOKという意味なので次のプロセスへ。

3 くじを引く

番号が書かれたおみくじ棒を引く。再度聖筊を投げ、出た番号で問題ないか神様に尋ねる。

4 おみくじ札をもらう

OKが出たらおみくじ札が入った棚へ。おみくじ棒と同じ番号のものをもらう。

5 解説所へ

札に書かれた運勢の詳細は解説所で解説してくれる。日本語可のスタッフがいる場合も。

おみくじを読んでみよう

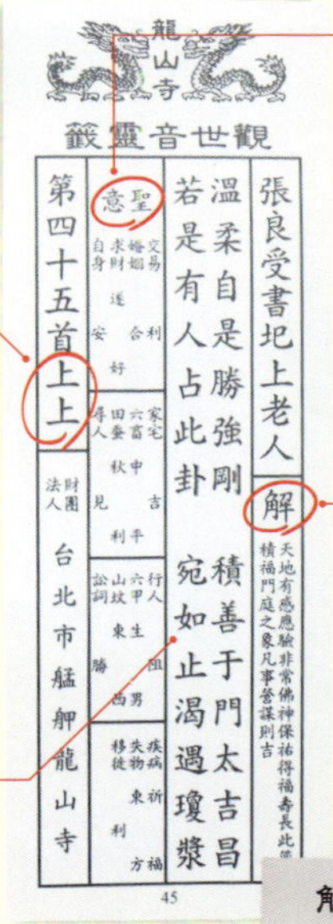

運勢

良 ↑
上上
大吉
上中
上
中下
下下
悪 ↓
空欄

札のランク。上上から空欄まで分かれる。

解説

札の内容が漢詩で書かれている。難解なので解説所で説明してもらおう。

おみくじ札（縦書き）：

龍山寺
觀世音靈籤

第四十五首 上上

聖意 自求財身 交易 婚姻 六甲 秋冬 見 利平
温柔自是有人占　此卦

張良受書圯上老人

解 天地配合應顯靈　積德門庭非常興　保祐添福壽長此求

法附人園 訟詞 山訟 東生 西吉
積善于門太吉昌
宛如止渇過瓊漿

疾病 祈 失物 東利 方場

台北市艋舺龍山寺

45

聖意

婚姻（結婚運）、疾病（健康運）など、各項目の運勢が記されている。

交易 …商売、取引
求財 …金運
自身 …総合運
家宅 …家族、家庭
六畜 …畜産
田蚕 …農業
尋人 …出会い
行人 …疎遠になった人
六甲 …妊娠（生まれてくる子の性別）
山坟 …墓
訟詞 …訴訟
移徙 …引っ越し

解

札の説明が書かれている。左の「解説」とほぼ同じ内容。

「ネギ（蔥／ツォーン）」は「賢い」を意味する「聰」と音が似ており、学業の神様のお供えに用いられる。

占い
完全シミュレーション

? What is 『占い』

占いが盛んな台湾。手相や四柱推命のほかにも、米粒や文鳥などを使う変わった占いも多い。寺の周辺には多くの占い師が店を構え、なかでも商売の神様を祀る行天宮の地下にある占い横丁は有名だ。ブースがずらりと並び、日本語OKの所も多いのがうれしい。

街で

占い横丁はどこですか？
スアンミーンジエ　ザイ　ナーリー
算命街 在 哪裡？

よく当たる占い師さんを教えてください。
チーン　ガオスー　ウォ　スアンミーン　ヘンジュン　ダ　スアンミーンシー
請 告訴 我 算命 很準 的 算命師。

入店

日本語のできる占い師さんはいますか？
ヨウメイヨウ　ホイ　リーウェン　ダ　スアンミーンシー
有沒有 會 日文 的 算命師？

います。／いません。
ヨウ／メイヨウ
有。／ 沒有。

通訳がいます。
ヨウ　ファンイー　ダ　レン
有 翻譯 的 人。

料金はいくらですか？
フェイヨーン　ドゥオシャオ
費用 多少？

1000元です。
イーチエンユエン
1000元。

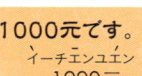

時間はどれくらいかかりますか？
シージエン　ヤオ　ホア　ドゥオジウ
時間 要 花 多久？

30分程度です。
サンシーフェン　ズオヨウ
30分 左右。

恋愛運を占いたいのですが。
ウォ　シャーン　スアン　リエンアイユン
我 想 算 戀愛運。

ゴーンズオユン		ジンチエンユン	
工作運	仕事運	金錢運	金運
ジエンカーンユン		レンジーグアンシー	
健康運	健康運	人際關係	対人関係
チエンシー		ライシー	
前世	前世	來世	来世

P.155　占い一覧は

四柱推命で占いますね。
ヨーン　スージュートゥイミーン　スアンミーン
用 四柱推命 算命。

生年月日と生まれた時間を教えてください。
チーン　ガオスー　ウォ　チューショーンニエンユエリー　イージー　チューショーンシージエン
請 告訴 我 出生年月日 以及 出生時間。

1980年10月25日の朝6時です。
イージウバーリーンニエン　シーユエ　アルシーウーリー　ザオシャーン　リュウディエン
1980年 10月 25日 早上 6點。

P.192　数字・時間は

生まれた時間はわかりません。
ウォ　ブージーダオ　チューショーンシージエン
我 不知道 出生時間。

紙に書いてください。
チーン　シエ　ザイ　ジーシャーン
請 寫 在 紙上。

よい出会いがあるのはいつですか?
ヨウ　ハオ　ユエンフェン　シー　シェンモシーホウ
有 好 緣分 是 什麼時候?

結婚はいつになりますか?
シェンモシーホウ　ホイ　ジエホン
什麼時候 會 結婚?

占ってもらう場合は、生年月日のほかに、生まれた時間と場所を言えるようにしておくといい。

引っ越しをするのはいつがいいですか？
ヤオ バンジア シー シェンモシーホウ ビージアオ ハオ
要 搬家 是 什麼時候 比較 好？

新しいことを始めるのはいつがいいですか？
ヤオ カイシー シン ダ シーチン シー シェンモシーホウ ビージアオ ハオ
要 開始 新 的 事情 是 什麼時候 比較 好？

転職をしてもいいですか？
ウォ コーイー ホアン ゴーンズオ マ
我 可以 換 工作 嗎？

何に気を付けたほうがいいですか？
ヤオ ジューイー シェンモ ビージアオ ハオ
要 注意 什麼 比較 好？

腰に気を付けなさい。
ヤオ ジューイー ヤオブー
要 注意 腰部。

チャーンウェイ	ガンザーン		ホウローン	
腸胃 胃腸	肝臓	肝臓	喉嚨 のど	
フーコーファーンミエン		シュイ	ホォ	チョー
婦科方面 婦人科系		水 水	火 火	車 車

親を大切にしなさい。
ヤオ シャオシュン フームー
要 孝順 父母。

運気がアップする方法を教えてください。
チーン ガオスー ウォ ティーショーン ユンチー ダ ファーンファ
請 告訴 我 提昇 運氣 的 方法。

お守りをお持ち帰りください。
チーン バー フーシェンフー ダイ ホイジア
請 把 護身符 帶 回家。

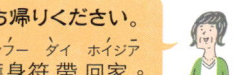

指さしながら聞いてみよう
占いメニューカタログ

 占いの種類

太極掛
タイジーグア
太極卦

サイコロのような道具を自分と占い師が振って出た卦で占う。

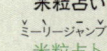

米粒占い
ミーリージャンブー
米粒占卜

皿から取り出した米粒の数によってさまざまな事柄について知る。

手相
ショウシャーン
手相

手の平のシワ、血色や肉の厚み、やわらかさによって運勢を占う。

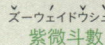

紫微斗数
ズーウェイドウシュー
紫微斗数

生年月日を用い、命盤という道具で占う。中国の宋代を起源とする。

龍亀占い
ローングイジャンブー
龍龜占卜

龍の子どもである龍亀の尾を回して出た卦とお札を用いる占い。

鳥掛
ニアオグア
鳥卦

文鳥がおみくじを引き、それをもとに占い師が運勢を解説する。

四柱推命	人相	前世占い	姓名判断
スージュートゥイミーン	ミエンシャーン	チエンシージャンブー	シーンミーンパンドアン
四柱推命	面相	前世占卜	姓名判断
中国の陰陽五行説がベース。生年月日と時刻から運命を導く。	顔の造りやほくろの位置、声、顔色などを見て人生を解説。	前世での自分について、家族や親しい人々との関係などを占う。	名前の画数や読みなどから吉凶を占う日本でもおなじみの占い。

占い関連

縁起がいい	縁起が悪い	ラッキーアイテム	ラッキーカラー	タブー
ジーリー	ブージーリー	シーンユンウー	シーンユンソー	ジーホイ
吉利	不吉利	幸運物	幸運色	忌諱

寺のおみくじは寺院によって解釈の方法が異なり、正しく理解するには専門的な勉強が必要。

エンタメ
完全シミュレーション

? **What is**

『台湾のエンタメ』

京劇や雑技、アイドルのコンサートやライブなど、さまざまなエンタメが目白押しの台湾。劇場のなかには日本語字幕が出る所もある

ので、言葉に不安があっても楽しめる。台湾各地の観光地では、原住民によるダンスショーが行われる所もある。

チケット売り場

京劇を見たいのですが。
ウォ シャーン カン ジーンジュー
我 想 看 京劇。

ゴーザイシー		プーダイシー
歌仔戯　台湾オペラ		布袋戯　人形劇
ユエンジューミン	ビアオイエン	プータイオウ
原住民表演　原住民のパフォーマンス		布袋偶　操り人形
イエンチャーンホイ		バーンチゥビーサイ
演唱會　コンサート		棒球比賽　野球の試合

今日のプログラムは何ですか?
ジンティエン ダ ジエムー シー シェンモ
今天 的 節目 是 什麼?

誰が出演しますか?
ヨウ シュイ ホイ チューイエン
有 誰 會 出演?

当日券はありますか?
ヨウ ダーンリービアオ マ
有 當日票 嗎?

ビアオ	ユイショウビアオ	ズオウェイ
票　チケット	預售票　前売り券	座位　席
ジーディーンズオ	ズーヨウズオ	ジエンジエ
指定座　指定席	自由座　自由席	簡介　パンフレット

何名様ですか? / 今日のチケットは完売です。
チーンウェン ジーウェイ / ジンティエン ダ ビアオ イージーン マイワンラ
請問 幾位? / 今天 的 票 已經 賣完了。

チケット購入

2枚ください。
チン ゲイ ウォ リアーンジャーン
請 給 我 兩張。

イージャーン 一張 1枚	サンジャーン 三張 3枚	スージャーン 四枚 4枚
ウージャーン 五張 5枚	リュウジャーン 六張 6枚	チージャーン 七枚 7枚

別々の席でも構いません。／並びの席がいいです。
フェンカイ ズオ イエ メイグアンシー／ビーンパイ ダ ズオウェイ ビージアオ ハオ
分開 坐 也 沒關係。／並排 的 座位 比較 好。

なるべく見やすい席にしてください。
チン ジンリアーン パイ カンダダオ ダ ウェイズ
請 盡量 排 看得到 的 位子。

開演（終演）は何時ですか？
カイイエン（イエンウン）シー ジーディエン
開演（演完）是 幾點？

会場内

この席まで案内してください。
チン ダイ ウォ ダオ ジョーゴ ウェイズ
請 帶 我 到 這個 位子。

この席は空いていますか？
ジョーゴ ウェイズ シー コーン ダ マ
這個 位子 是 空 的 嗎？

いいえ、空いていません。／はい、空いています。
ブーシー ブーシー コーン ダ／シーダ シー コーンダ
不是，不是 空 的。／ 是的，是 空 的。

HOW TO

コンサートでのかけ声

泣かないで！
ブーヤオ クー
不要 哭！

最高！
タイバーンラ
太 棒了！

ファイト！
ジアヨウ
加油！

アンコール！
アンコー
安可！

すてき！
ハオ ジーンツァイ
好 精彩！

こっち見て！
カン ジョーリー
看 這裡！

愛してる！
ウォ アイ ニー
我 愛你！

温泉
完全シミュレーション

? What is 『温泉』

台北近郊には、日本統治時代に開かれた温泉地がいくつかある。その代表が北投と烏來だ。地元民に愛される共同浴場で日帰り入浴も

いいし、ちょっと贅沢な温泉宿に滞在してゆっくりしてもいい。湯けむり立ち昇る緑豊かな温泉郷で、癒やしのひとときを過ごそう。

 温泉に行く

温泉に行きたいです。
ウォ　シャーン　チュー　ウェンチュエン
我 想 去 温泉。

ダーンリーライホイウェンチュエン　　ルーティエンウェンチュエン
當日來回温泉　**日帰り温泉**　露天温泉　**露天風呂**

ユエンチュエン　　ゴーンゴーンウェンチュエン　　ズーターン
源泉　**源泉**　公共温泉　**公共温泉**　足湯　**足湯**

 温泉にて

水着は必要ですか?
シューヤオ　チュワン　ヨーンイー　マ
需要 穿 泳衣 嗎?

着用してください。／着用しなくていいです。
チーン　チュワン／ブービー　チュワン
請 穿。／ 不必 穿。

大浴場はどこですか?
ダーユィチー　ザイ　ナーリー
大浴池 在 哪裡?

個室風呂はありますか?
ヨウ　ゴーレンチー　マ
有 個人池 嗎?

大浴場は1人850元です。
ダーユィチー　シー　イーレン　バーバイウーシーユェン
大浴池 是 一人 850元。

個室風呂は1室2300元です。
<ゴーレンチー シー イージエン リアーンチエンサンバイユエン>
個人池 是 一間 2300元。

温泉の効能を教えてください。
<チーン ガオスー ウォ ウェンチュエン ダ シャオヨーン>
請 告訴 我 溫泉 的 效用。

肌荒れ に効きます。
<ドゥイ ジーラーツーツァオ ヨウシャオ>
對 肌膚粗糙 有效。

ビーラオホイフー	ショウジアオビーンロン	ガオシュエヤー
疲勞恢復 **疲労回復**	手腳冰冷 **冷え性**	高血壓 **高血圧**
グアンジエトーン	ターンニアオビーン	フーニュビーン
關節痛 **関節痛**	糖尿病 **糖尿病**	婦女病 **婦人病**

宿泊できますか?
<コーイー ジュースー マ>
可以 住宿 嗎?

はい、できます。／いいえ、日帰り入浴のみです。
<シーダ コーイー／ブーシーン ジーヨウ ダーンティエン パオターン>
是的，可以。／ 不行，只有 當天 泡湯。

タオルはありますか?
<ヨウ マオジン マ>
有 **毛巾** 嗎?

シーファジーン	ルンスージーン	フェイザオ
洗髮精 **シャンプー**	潤絲精 **リンス**	肥皂 **石けん**
チュイフォンジー	ユイイー	ゴンイーシー
吹風機 **ドライヤー**	浴衣 **浴衣**	更衣室 **更衣室**

送迎バスに乗りたいのですが。
<ウォ シャーン ダー ジエソーン バーシー>
我 想 搭 接送 巴士。

北投の湯はラジウム泉と硫黄泉の2種類あり、烏來の湯はアルカリ性の「美人湯」として人気。

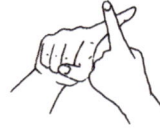

ハレときどきタヒ　手勢（ショウシー）　所変われば ジェスチャーも変わる!?

中正紀念堂
すごいな〜!
記念撮影をしたいね

すみませ〜ん
あ…こうゆうときは何て言ったらいいんだ?
えっと…

これ、お願いします
シャッターおして〜
ダメ〜!!
何だって!?
シェンモ
什麼!?

誰が死んだんだって!?
シェイスーラ
誰死了!?
なんでこんなことに…!?
ガヤガヤ

✶ ハレ's advice　人さし指を曲げると「死」を意味する

人さし指をかぎ状に曲げるのは、日本ではカメラのシャッターを押すしぐさや、スリを表すジェスチャーだよね。しかし台湾では人が死ぬことを表し、死という言葉を口に出さずに相手に伝えたいときに使われるんだよ。あまり大っぴらにやらないほうがいいね。

❀ 日本とは異なる台湾のジェスチャー ❀

[数を数える]

6〜10までの数え方は日本と異なる。例えば、6は親指と小指を立てる。7は親指と人差し指を立てる。

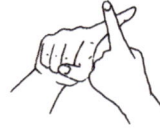

10は左右の人差し指をクロスさせる、または日本と同様に両手の指を広げることもある。

[指切りをする]

小指をからませ、さらに親指同士をはんこのようにくっつける。日本のように手を振ることはない。

ハレ旅会話

台湾
中国語

INFORMATION

ホテル
完全シミュレーション

『ホテル』

ホテルは旅で重要な要素のひとつ。オフィシャルサイトやホテル予約サイトなどから簡単に予約ができる。また台湾に着いてから、空港の観光案内所やホテルカウンターでホテルを紹介してもらうことも可能。1〜2月の春節（正月）など、連休にはとくに混雑するので注意。

チェックイン

チェックインお願いします。
マーファン ニー ウォ ヤオ バン ジューファーン ショウシュー
麻煩 你，我 要 辦 住房 手續。

日本語ができる人はいますか？
ヨウ ホイ シュオ リーウェン ダ レン マ
有 會 說 日文 的 人 嗎？

お名前を頂戴できますか？
コーイー ガオスー ウォ ニン ダ ミーンズ マ
可以 告訴 我 您的 名字 嗎？

予約した○○です。
ウォ シー ヨウ ユィユエ ダ ○○
我 是 有 預約 的 ○○。

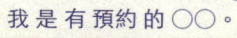

インターネットで予約しました。
ウォ ザイ ワーンルー ユィユエ ダ
我 在 網路 預約 的。

予約確認書もあります。
イエ ヨウ ユィユエ チュエレンシュー
也 有 預約 確認書。

パスポートをお願いします。
マーファン チーン ゲイ ウォ フージャオ
麻煩 請 給 我 護照。

今すぐ部屋に入れますか？
シエンザイ コーイー ジンチュー ファーンジエン マ
現在 可以 進去 房間 嗎？

はい、可能です。／
いいえ、まだお部屋の準備ができていません。

シーダ　コーイー／
是的，可以／

ブーシーン　ファーンジエン　ハイ　メイ　ジュンベイ　ハオ
不行，房間還沒準備好。

荷物を預かってもらえますか?

シーンリー　コーイー　ジーファーン　マ
行李 可以 寄放 嗎?

眺めのいい部屋をお願いします。

マーファン　アンパイ　ジーングアン　ハオ　ダ　ファーンジエン
麻煩 安排 景觀 好 的 房間。

アンジーンダファーンジエン
安靜的房間　静かな部屋

カオハイダファーンジエン
靠海的房間　海側の部屋

ヨウヤーンタイダファーンジエン
有陽台的房間　バルコニーつきの部屋

お部屋は505号室です。

ニン　ダ　ファーンジエン　シー　ウーリーンウーハオファーン
您 的 房間 是 505號房。

朝食は何時からですか?

ザオツァン　シー　ジーディエン　カイシー
早餐 是 幾點 開始?

P.192　時間・数字は

チェックアウトは何時ですか?

トゥイファーン　シー　ジーディエン
退房 是 幾點?

エレベーターはどこですか?

ディエンティー　ザイ　ナーリー
電梯 在 哪裡?

ツァンティーン
餐廳　レストラン

ジウバー
酒吧　バー

シーイエンシー
吸菸室　喫煙室

ジエンシェンファーン
健身房　ジム

ホテル　空港・機内　交通　お金　郵便　電話・ネット　数字・時間・暦　緊急トラブル

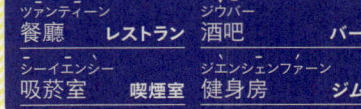

ホテルは「飯店」「酒店」「賓館」などさまざまな呼び名があるが、呼び名による明確な違いはない。

163

こちら505号室ですが。
ジョーリー シー ウーリーンウー ハオファーン
這裡 是 505 號房。

困ったら
フロントに電話！

どうなさいましたか。
チーンウェン ニン ゼンモラ
請問 您 怎麼 了？

 お湯が出ません。
ロァシュイ ブー チューライ
熱水 不 出來。

 トイレの水が流れません。
ツォースオ ダ シュイ ブーノン チョーン
廁所 的 水 不 能 沖。

 インターネットが使えません。
ブーノン シャーンワーン
不能 上網。

 エアコンがつきません。
ロンチー ブーノン ヨーン
冷氣 不能 用。

ディエンシー
電視　テレビ　　電燈　電気
　　　　　　　　ディエンドン

 隣の部屋がうるさいです。
ゴービー ファーンジエン ヘン チャオ
隔壁 房間 很 吵。

 部屋を替えたいのですが。
ウォ シャーン ホアン ファーンジエン
我 想 換 房間。

すぐ伺います。
ウォ マーシャーン チュー
我 馬上 去。

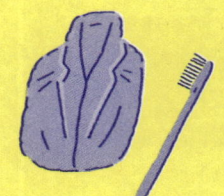

お願い

7時にモーニングコールをお願いします。
チン　ザイ　チーディエン　ジアオシーン　ウォ
請 在 7點 叫醒 我。

P.193　時間は

毛布を貸してください。
チン　ジエ　ウォ　マオタン
請 借 我 毛毯。

チュイフォンジー	ジアシーチー
吹風機 ドライヤー	加濕器　加湿器
チョーンディエンチー	ビエンヤーチー
充電器　充電器	變壓器　変圧器

セーフティーボックスの使い方を教えてください。
チン　ジアオ　ウォ　バオシエンシャーン　ダ　シーヨーン　ファーンファ
請 教 我 保險箱 的 使用 方法。

トイレットペーパーを持ってきてください。
チン　ナー　ツオースオウェイショーンジー　ライ
請 拿 廁所衛生紙 來。

タオルを取り替えてください。
チン　ホアン　マオジン
請 換 毛巾。

かしこまりました。
ウォ　ジーダオ　ラ
我 知道 了。

できるだけ早くお願いします。
マーファン　ニー　ジンクアイ
麻煩 你 盡快。

外出

タクシーを呼んでください。
チン　バーン　ウォ　ジアオ　ジーチョンチョー
請 幫 我 叫 計程車。

i

INFORMATION

ホテル

空港・機内

交通

お金

郵便

電話・ネット

数字・時間・暦

緊急トラブル

レストランを予約してもらえますか?

コーイー チーン ニー バーン ウォ ディーン ツァンティーン マ

可以 請 你 幫 我 訂 餐廳 嗎?

部屋を掃除してください。

チーン ダーサオ ファーンジエン

請 打掃 房間。

ホテルの住所が書いてあるカードをください。

チーン ゲイ ウォ ヨウ シエ ファンディエン ジュージー ダ ミーンピエン

請 給 我 有 寫 飯店 住址 的 名片。

もう1泊したいのですが。

ウォ シャーン ザイ ジュー イーワン

我 想 再 住 一晚。

部屋に鍵を置いてきてしまいました。

ウォ バー ヤオシ ファーン ザイ ファーンジエン リー ラ

我 把 鑰匙 放 在 房間 裡 了。

チェックアウトをお願いします。

マーファン ニー ウォ ヤオ トゥイファーン

麻煩 你,我 要 退房。

ルームサービスは利用していません。

ウォ メイ シーヨーン ファーンジエン フーウー

我 沒 使用 房間 服務。

カードで払います。

シンヨーンカー フークアン

信用卡 付款。

荷物を預かってもらえますか?

シーンリー コーイー ジーファーン マ

行李 可以 寄放 嗎?

何時頃にお戻りですか?

ニン ダーガイ ジーディエン ホイライ

您 大概 幾點 回來?

3時頃です。

サンディエン ズオヨウ

3點 左右。

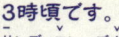
P.193 時間は

用語集

INFORMATION

ホテル

空港・機内

交通

お金

郵便

電話・ネット

数字・時間・暦

緊急トラブル

●ホテルの単語

ロビー	フロント	客室(部屋)
ダーティーン	グイタイ	コーファーン(ファーンジエン)
大廳	櫃台	客房(房間)

シングルルーム	ツインルーム	ダブルルーム
ダンレンファーン	シュアーンレンファーン	ダーチュウーンシュアーンレンファーン
單人房	雙人房	大床雙人房

エキストラベッド	満室	空室
ジアーチュウーン	ファーンジエンコーマン	コーンファーン
加床	房間客滿	空房

非常口	貴重品	補償金(デポジット)
タオションーコウ	グイジョーンピン	ブーチャーンジン
逃生口	貴重品	補償金

●部屋の単語

冷蔵庫	テレビ	ポット	セーフティーボックス
ビーンシャーン	ディエンシー	ロアシュイフー	バオシエンシアーン
冰箱	電視	熱水壺	保険箱

クローゼット	窓	カーテン	バルコニー
イーグイ	チュウーンフー	チュウーンリエン	ヤーンタイ
衣櫃	窗戶	窗簾	陽台

ベッド	シーツ	枕	毛布
チュウーン	チュウーンダン	ジェントウ	マオタン
床	床單	枕頭	毛毯

照明	コンセント	時計	スリッパ
ディエンドン	チャートウ	シージョーン	トゥオシエ
電燈	插頭	時鐘	拖鞋

浴室	浴槽	シャワー	洗面台
ユィシー	ユィガーン	リエンポートウ	シーリエンタイ
浴室	浴缸	蓮蓬頭	洗臉台

歯ブラシ	歯磨き粉	カミソリ	ゴミ箱
ヤーシュア	ヤーガオ	グアフーダオ	ラーソートーン
牙刷	牙膏	刮鬍刀	垃圾桶

空港(入国)
完全シミュレーション

? What is　　『空港(入国)』

台湾最大の空港は、台北市中心の約40km西にある桃園国際空港。ほかに台北市内にある松山空港にも日本からの直行便が就航している。台北に降り立ったら「抵達(到着)」のサインに従って進み、入国審査を受けよう。次にターンテーブルで機内預け荷物を受け取る。

入国審査

入国カードとパスポートを用意!

パスポートを見せてください。
チーン ゲイ ウォ カン フージャオ
請 給 我 看 護照 。

入国カードはオンラインで事前に登録・申請できる。オンライン申請した場合は入国カードを提出しなくてよい。

入国カードはありますか?
ニー ヨウ ルージーンカー マ
你 有 入境卡 嗎 ?

オンラインで申請しました。
ウォ ザイ シエンシャーン シェンチーン ラ
我 在 線上 申請 了 。

入国の目的は何ですか?
ニー ルージーン ダ ムーディー シー シェンモ
你 入境 的 目的 是 什麼 ?

観光です。
グアングアーン
觀光 。

滞在は何日間ですか?
ニー ヤオ ティンリュウ ジーティエン
你 要 停留 幾天 ?

3日間です。
サンティエン
3天 。

リアーンティエン 兩天	2日	スーティエン 4天	4日
ウーティエン 5天	5日	イーシーンチー 1星期	1週間

JAPAN
PASSPORT

どこに滞在しますか？
ニー ヤオ ジュースー ナーリー
你 要 住宿 哪裡？

**グランドホテルです。／
友人の家です。**
ウォ ジュー グランドファンディエン／
我 住 grand飯店。／
ウォ ジュー ポンヨウジア
我 住 朋友家。

**荷物
受け取り**

手荷物受取所はどこですか？
リーンシーンリーチュー ザイ ナーリー
領行李處 在 哪裡？

私の荷物がまだ出てきません。
ウォ ダ シーンリー ハイ メイ チューライ
我 的 行李 還 沒 出來。

見つかり次第ホテルに届けてください。
ジャオダオ ダ ホア チーン ソーンダオ ファンディエン
找到 的話，請 送到 飯店。

スーツケースが破損しています。
シーンリーシャーン ヨウ ポースン
行李箱 有 破損。

**税関
検査**

税関申告書の記入は税関基準を上回る場合のみ必要。
免税の範囲内であれば必要ないのでそのまま到着ロビーへ進もう。

中身は何ですか？
ネイローンウー シー シェンモ
内容物 是 什麼？

私の日用品です。
ウォ ダ リーヨーンピン
我 的 日用品。

友達へのおみやげです。
ゲイ ポンヨウ ダ トゥーチャン
給 朋友 的 土産。

台湾への渡航目的が90日以内の観光なら、帰りの航空券があればビザは不要。

空港(出国)
完全シミュレーション

？ What is 　　『空港(出国)』

楽しかった台湾滞在も終わり。空港には出発時間の2時間前までに着いておくと安心だ。ついおみやげが多くなり、荷物の重量がオーバーしていないか注意が必要。チェックインと出国審査を済ませたら、免税店でショッピングを楽しもう。ただし搭乗時間を忘れずに。

チェックイン

カウンターでeチケットとパスポートを提示

通路側、窓側、どちらになさいますか？
チーンウェン ニン ヤオ カオ ゾウダオ ハイシー カオチュワーン ダ ウェイズ
請問 您 要 靠 走道 還是 靠窗 的 位子？

窓側(通路側)でお願いします。／
前方(後方)の席にしてください。／
友達と隣り合わせにしてください。

AIRLINE
TICKET

チーン ゲイ ウォ カオチュワーン(カオゾウダオ) ダ ウェイズ／
請 給 我 靠窗(靠走道) 的 位子。／

チーン ゲイ ウォ チエンミエン(ホウミエン) ダ ウェイズ／
請 給 我 前面(後面) 的 位子。／

チーン バーン ウォ アンパイ ホー ポンヨウ ズォ ゴーピー
請 幫 我 安排 和 朋友 坐 隔壁。

定刻に出発しますか？
ホイ ジュンシー チューファー マ
會 準時 出發 嗎？

どのくらい遅れますか？
ホイ ワン ドゥオジウ
會 晚 多久？

ほかの便に変えられますか？
コーイー ホアン ビエダ バンジー マ
可以 換 別的 班機 嗎？

荷物を預ける

ライターやスプレーは入っていませんか？
リーミエン　ヨウ　メイヨウ　ダーホオジー　ホオ　ペンウージー
裡面 有 沒有 打火機 或 噴霧劑？

入っていません。
リーミエン　メイヨウ
裡面 沒有。

割れ物が入っています。
リーミエン　ヨウ　イースイ　ウービン
裡面 有 易碎 物品。

フラジャイルシールを貼ってください。
チーン　ティエ　イースイウービン　シャオシンチーンファーン　ティエジー
請 貼「易碎物品 小心輕放」貼紙。

重量オーバーしています。
シーンリー　チャオジョーン
行李 超重。

超過料金が必要です。
シュー　フー　チャオジョーン　フェイヨーン
需 付 超重 費用。

預入荷物の重量制限（エコノミークラス）

中華航空	合計30kgまで無料(個数制限なし)
JAL、ANA	23kg×2個まで無料
エバー航空	合計20kgまで無料(個数制限なし、ディスカウント運賃)

いくらですか？
ドゥオシャオ　チエン
多少 錢？

カード決済可

いったん荷物を出してもいいですか？
コーイー　バー　ドーンシー　ナー　チューライ　イーシャ　マ
可以 把 東西 拿 出來 一下 嗎？

搭乗前

このゲートはどこですか？
ジョーゴ　ドンジーコウ　ザイ　ナーリー
這個 登機口 在 哪裡？

搭乗券を見せる

免税店はどこですか？
ミエンシュイディエン　ザイ　ナーリー
免税店 在 哪裡？

生の果物や肉製品の日本への持ち込みはNG。果物は乾物やジャム、肉類は缶詰めならOK。

機内
完全シミュレーション

? What is 「機内」

台湾系航空会社の飛行機は、乗り込んだときから日本と異なる雰囲気。CAも非日本人率がぐっと高くなる。台湾の国内線を利用するなら、日本語はほぼ通じないと思ったほうがいい。快適な空の旅にするためにも、自分の要望を上手に伝え、アナウンスをきちんと理解したい。

CAへのお願い

私の席はどこですか？
ウォ ダ ウェイズ ザイ ナーリー
我 的 位子 在 哪裡？

荷物を上げてください。
チーン バー シーンリー ナー シャーンチュー
請 把 行李 拿 上去。

毛布をください。
チーン ゲイ ウォ マオタン
請 給 我 毛毯。

ジェントウ		ザージー		バオジー	
枕頭	枕	雜誌	雑誌	報紙	新聞

ハイグアンシェンバオダン		ルージーンシェンバオダン	
海關申報單	税関申告書	入境申報單	入国申告書

寒い（熱い）です。
ハオロン （ハオロァ）
好冷（好熱）。

トイレはどこですか？
シーショウジエン ザイ ナーリー
洗手間 在 哪裡？

気分が悪いのですが。
ウォ ヨウディエン ブーシューフー
我 有點 不舒服。

席を変えてもらえますか？
チーン バーン ウォ ホアン ウェイズ ハオマ
請 幫 我 換 位子，好嗎？

モニターが壊れています。
イーンムー ホアイディアオ ラ
螢幕 壊掉 了。

お飲物は何になさいますか?
チーンウェン ヤオ ホー シェンモ
請問 要 喝 什麼?

オレンジジュースをください。
チーン ゲイ ウォ リュウチョンジー
請 給 我 柳橙汁。

ビージウ		テーシュイ	
啤酒	ビール	汽水	サイダー
シュイ		カーフェイ	
水	水	咖啡	コーヒー

下げてもらえますか?
コーイー チーン ニー ショウゾウ マ
可以 請 你 收走 嗎?

食器などを
指さしながら

乗客に

ここは私の席だと思うんですが。
ジョーリー シー ウォ ダ ウェイズ
這裡 是 我 的 位子。

座席を倒してもいいですか?
ズオウェイ コーイー ワーン ホウ ダオ マ
座位 可以 往後 倒 嗎?

荷物をここに置いてもいいですか?
シーンリー コーイー ファーン ジョーリー マ
行李 可以 放 這裡 嗎?

❀　機内アナウンス　❀

シートベルトを着用してください。
チーン ジー アンチュエンダイ
請 繋 安全帯。

座席にお戻りください。
チーン ホイ ズオウェイ
請 回 座位。

座席を元の位置にお戻しください。
ズオウェイ チーン ホイジョン
座位 請 回正。

テーブルを元の位置にお戻しください。
ツァンジュオ チーン ショウホイ ユエンチュー
餐桌 請 收回 原處。

❀ エバー航空には外装もアメニティもサンリオキャラクターがデザインされた特別塗装機がある。

空港→市内（リムジンバス）

完全シミュレーション

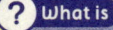

? What is 『リムジンバス』

桃園空港に到着したら、さっそく台北市内へ移動。運行本数が多く値段も手頃な「客運巴士（リムジンバス）」の利用価値が高い。まずはカウンターでチケットを購入し、乗り場でバスを見つけて乗り込む。席は決まっておらず、先着順で好きなところに座る。

チケット購入

台北駅に行きたいのですが。
ウォ シャーン チュー タイベイチョージャン
我 想 去 台北車站。

国光客運1819番です
グォグアーンコーユン イーバーイージウハオ
國光客運 1819 號。

大人（子ども）2枚です。
ダーレン（シャオハイ） リアーンジャーン
大人（小孩）兩張。

イージャーン		サンジャーン		スージャーン	
一張	1枚	三張	3枚	四張	4枚

指さしてもらおう

1番乗り場です。
イーハオチョンチョーチュー
1號乘車處。

アルハオ		サンハオ		スーハオ		ウーハオ		リュウハオ	
2號	2番	3號	3番	4號	4番	5號	5番	6號	6番

次のバスはいつ来ますか?
シャイーバン シェンモシーホウ ホイ ライ
下一班 什麼時候 會 來?

ウーフェンホウ		シーフェンホウ	
5分後	5分後	10分後	10分後
シーウーフェンホウ		アルシーフェンホウ	
15分後	15分後	20分後	20分後

すぐ来ます。
マーシャーン ライ
馬上 來。

指さしてもらおう

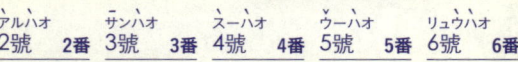

乗り場

どちらまでてですか？
ニー ヤオ ダオ ナーリー
你 要 到 哪裡？

台北駅です。
タイベイチョージャン
台北車站。

乗車

このバスは○○に行きますか？
ジョーバンチョー ホイ チュー ○○ マ
這班車 會去 ○○ 嗎？

行きます。／行きません。
ホイ チュー／ブーホイ チュー
會去。／不會去。

台北駅に着いたら教えてください。
ダオラ タイベイチョージャン チーン ガオスー ウォ
到了 台北車站 請 告訴 我。

シートベルトをお締めください。
チーン ジー アンチュエンダイ
請 繫 安全帶。

降車

ここは○○ですか？
ジョーリー シー ○○ マ
這裡 是 ○○ 嗎？

そうです。／いいえ、次の駅です。
シーダ／ブーシー シー シャイージャン
是的。／不是，是 下一站。

この停留所は○○、次の停留所は△△です。
ジョージャン シー ○○ シャイージャン シー △△
這站 是 ○○，下一站 是 △△。

荷物を降ろしてください。
チーン バー シーンリー ナー チューライ
請把 行李 拿 出來。

桃園空港のリムジンバスはおもに5つの会社が運行している。台北駅行きは所要約55分。

MRT
完全シミュレーション

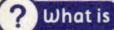

? What is 『MRT』

台北の移動は軌道交通のMRTが便利。5路線あり、日中2〜15分間隔で運行している。夕日の名所淡水（ダンシュイ）や、温泉で有名な北投（ベイトウ）といった近郊の見どころへ行くのにも使える。何度でも乗車可能な1日券や、チャージ式ICカードのEASY CARDをうまく活用したい。

カード購入

EASY CARDはどこで買えますか？
ザイ ナーリー コーイー マイダオ ヨウヨウカー
在 哪裡 可以 買到 悠遊卡？

どこでチャージできますか？
ザイ ナーリー コーイー チュージー
在 哪裡 可以 儲值？

カードが出てきません。
カーピエン メイヨウ チューライ
卡片 沒有 出來。

おつりが出てきません。
ジャオダチエン メイヨウ チューライ
找的錢 沒有 出來。

改札を通れません。
ブーノン トーングオ ジエンピアオコウ
不能 通過 剪票口。

乗車前

MRTの路線図をください。
チーン ゲイ ウォ ジエユン ダ ルーシエントゥー
請 給 我 捷運 的 路線圖。

このMRTは松山空港駅に停まりますか？
ジョーゴ ジエユン ホイ ティーン ソンシャンジーチャーンジャン マ
這個 捷運 會 停 松山機場站 嗎？

INFORMATION

ホテル

空港・機内

交通

お金

郵便

電話・ネット

数字・時間・暦

緊急トラブル

○○に行くにはどの駅で降りますか？
ヤオ チュー ○○ ザイ ナーゴ チョージャン シャチョー
要去 ○○ 在 哪個 車站 下車？

どこで乗り換えればいいですか？
ヤオ ザイ ナーリー ホアンチョー ナ
要 在 哪裡 換車 呢？

龍山寺駅は何線ですか？
ローンシャンスージャン シー ナーイーシエン
龍山寺站 是 哪一線？

❶ 文湖線（ウェンフーシエン）

❷ 淡水信義線（ダンシュイシンイーシエン）

❸ 松山新店線（ソーンシャンシンディエンシエン）

❹ 中和新蘆線（ジョーンホーシンルーシエン）

❺ 板南線（バンナンシエン）

月台
Platforms

板南線です。
バンナンシエン
板南線。

下車

寧夏夜市は何番出口ですか？
ニーンシャイエシー シー ジーハオ チューコウ ナ
寧夏夜市 是 幾號 出口 呢？

MRTに関する単語

MRT ジェユン 捷運	**駅** ジャン 站
切符売り場 ショウピアオチュー 售票處	**改札口** ジエンピアオゴウ 剪票口
1回券（トークン） ダンツービアオ 單次票	**プラットホーム** ユエタイ 月台
EASY CARD ヨウヨウカー 悠遊卡	**始発** ショウバンチョー 首班車
終電 モーバンチョー 末班車	**優先席** ボーアイズオ 博愛座

MRTの駅構内と車内での飲食・喫煙は厳禁。飴やガムもNGで、違反すると罰金が科される。

鉄道
完全シミュレーション

? What is 『鉄道』

台湾の鉄道路線は非常に整備されている。在来線および通称「高鐵（ガオティエ）」と呼ばれる台湾新幹線は、地元の人々の足として活躍しているのはもちろん、旅行者にとっても快適な交通機関。時間に余裕があるならば台湾をぐるりと回る鉄道の旅もおすすめだ。

切符購入

○○までの切符はどこで買えますか？
ダオ ○○ ダ チョーピアオ ザイ ナーリー コーイー マイ ダ ダオ
到 ○○ 的 車票 在 哪裡 可以 買 得 到 ？

P.192 **数字は**

1番のカウンターです。
ザイ イーハオ グイタイ
在 1號 櫃台。

大人（子ども）2枚です。
ダーレン リアンジャーン
大人 兩張。

イージャーン		サンジャーン		スージャーン	
一張	1枚	三張	3枚	四張	4枚

一番早く着くチケットをください。
チーン ゲイ ウォ ズイ ザオ ダオダー ダ チョーピアオ
請 給 我 最早 到達 的 車票。

窓側（通路側）の席をお願いします。
マーファン ゲイ ウォ カオチウーン（カオゾウダオ） ダ ウェイズ
麻煩 給 我 靠窗（靠走道）的 位子。

これは○○行きの電車ですか？
ジョー バン シー ダオ ○○ ダ ディエンチョー マ
這班 是 到 ○○ 的 電車 嗎？

○○行きは2番ホームから出発です。
ヤオ ダオ ○○ シー ツォン アルハオ ユエタイ チューファー
要 到 ○○ 是 從 2號 月台 出發。

鉄道に関する単語

駅(鉄道駅)	鉄道	列車
ジャン(ティエルージャン)	ティエルー	リエチョー
站(鐵路站)	鐵路	列車

座席指定	出発	到着
ジーディーンズオウェイ	チューファー	ダオダー
指定座位	出發	到達

切符売り場	自動券売機	往復切符
ショウピアオチュー	ズードーンショウピアオジー	ライホイピアオ
售票處	自動售票機	來回票

片道切符	大人(全票)	子ども(半票)
ダンチョンピアオ	ダーレン(チュエンピアオ)	ハイトーン(バンピアオ)
單程票	大人(全票)	孩童(半票)

キャンセル	満席	空席
チューシャオ(トゥイピアオ)	コーマン	コーンウェイ
取消(退票)	客滿	空位

改札口	ホーム	待合室
ジエンピアオコウ	ユエタイ	ドンホウシー
剪票口	月台	等候室

コインロッカー	キオスク(売店)	駅弁
トウビージーウーグイ	チョージャンショウホオティーン(マイディエン)	ティエルービエンダーン
投幣置物櫃	車站售貨亭(賣店)	鐵路便當

定刻発	遅延	○分遅れ
ジュンシーチューファー	イエンチー	ワン○フェン
準時出發	延遲	晚○分

乗り換え	通過	～行き
ホアンチョー	トーングオ	ウーン
換車	通過	往～

電車の種類

台湾鉄路局(台鉄)	台湾新幹線(台湾高鉄)	高級旅客列車(自強号)
タイティエ	タイワンガオティエ	ズーチアーンハオ
台鐵	台灣高鐵	自強號

急行列車(莒光号)	準急列車(復興号)	普通列車(区間)
ジューグアーンハオ	フーシーンハオ	チュージエンチョー
莒光號	復興號	區間車

ホテル 空港・機内 交通 お金 郵便 電話・ネット 数字・時間・暦 緊急トラブル

台北駅の新幹線改札口付近のショップには台湾各地の名産が集結している。

タクシー
完全シミュレーション

? What is 『台北のタクシー』

料金が安いので荷物の多いときや大人数での移動、夏場の暑い時期などの利用に便利なタクシー。安全のためシートベルトの着用は必須。初乗り（1.25kmまで）は70元、以降200mごとに5元加算される。車両のドアは自動ではなく自分で開閉するのが台湾流。

乗車

タクシー乗り場はどこですか？
ジーチョンチョーチョンチョーチュー　ザイ　ナーリー
計程車乘車處 在 哪裡？

タクシーを呼んでください。
チーン　ジアオ　ジーチョンチョー
請 叫 計程車。

タクシー
計程車
Taxi →

トランクに荷物を入れたいです。
ウォ　シャーン　バー　シーンリー　ファーン　ザイ　ホウチョーシャーン
我 想 把 行李 放 在 後車廂。

トランクを開けてください。
チーン　カイ　ホウチョーシャーン
請 開 後車廂。

どちらまでですか？
チーンウェン　ダオ　ナーリー
請問 到 哪裡？

住所を見せながら

ここまで行ってください。
チーン　ダオ　ジョーリー
請 到 這裡。

タオユエンジーチャーン 桃園機場 桃園空港	タイペイチョージャン 台北車站 台北駅
ソーンシャンジーチャーン 松山機場 松山空港	ジョージエンディエン 這間店 この店

乗車中

何分くらいかかりますか?
ダーガイ ヤオ ホア ジーフェンジョーン
大概 要 花 幾分鐘?

15分くらいです。
シーウーフェンジョーン ズォヨウ
15分鐘 左右。

シーフェンジョーン 10分鐘 **10分**		サンシーフェンジョーン 30分鐘 **30分**	
アルシーフェンジョーン 20分鐘 **20分**		イーゴシャオシー 一個小時 **1時間**	
アルシーウーフェンジョーン 25分鐘 **25分**		イーゴバンシャオシー 一個半小時 **1時間半**	

急いでください。
チーン カイ クアイ イーディエン
請 開 快 一點。

もう少しゆっくり走ってください。
チーン ザイ カイ マン イーディエン
請 再 開 慢 一點。

左(右)に曲がってください。
チーン ズォ(ヨウ)ジュアン
請 左(右)轉。

まっすぐ進んでください。
チーン ジー ゾウ
請 直走。

メーターが動いていません。
ティアオビアオ メイヨウ ドーン
跳表 沒有 動。

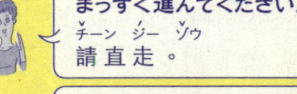
メーターが動いて
いなかったら

メーターを動かしてください。
チーン アン ティアオビアオ
請 按 跳表。

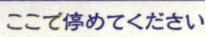

降車

ここで停めてください。
<ruby>請<rt>チーン</rt></ruby> <ruby>在<rt>ザイ</rt></ruby> <ruby>這裡<rt>ジョーリー</rt></ruby> <ruby>停車<rt>ティーンチョー</rt></ruby>。

<ruby>在<rt>ザイ</rt></ruby> <ruby>下一個<rt>シャイーゴ</rt></ruby> <ruby>紅綠燈<rt>ホーンリュードン</rt></ruby>　　次の信号で

<ruby>在<rt>ザイ</rt></ruby> <ruby>那棟建築物<rt>ナードーンジエンジュウーウー</rt></ruby> <ruby>前面<rt>チエンミエン</rt></ruby>　その建物の前で

<ruby>在<rt>ザイ</rt></ruby> <ruby>那間店<rt>ナージエンディエン</rt></ruby> <ruby>的<rt>ダ</rt></ruby> <ruby>前面<rt>チエンミエン</rt></ruby>　あの店の前で

<ruby>在<rt>ザイ</rt></ruby> <ruby>容易<rt>ロンイー</rt></ruby> <ruby>停<rt>ティーン</rt></ruby> <ruby>的<rt>ダ</rt></ruby> <ruby>地方<rt>ディーファーン</rt></ruby>　停めやすいところで

いくらですか?
<ruby>多少<rt>ドゥオシャオ</rt></ruby> <ruby>錢<rt>チエン</rt></ruby>?

高速料金を合わせて500元です。
<ruby>包含<rt>バオハン</rt></ruby> <ruby>高速公路費<rt>ガオスーゴーンルーフェイ</rt></ruby> <ruby>總共<rt>ゾーンゴーン</rt></ruby> <ruby>500<rt>ウーバイ</rt></ruby> <ruby>元<rt>ユエン</rt></ruby>。

EASY CARDで払えますか?
<ruby>用<rt>ヨーン</rt></ruby> <ruby>悠遊卡<rt>ヨウヨウカー</rt></ruby> <ruby>可以<rt>コーイー</rt></ruby> <ruby>付<rt>フー</rt></ruby> <ruby>嗎<rt>マ</rt></ruby>?

料金がメーターと違うようです。
<ruby>費用<rt>フェイヨーン</rt></ruby> <ruby>好像<rt>バオシャーン</rt></ruby> <ruby>跟<rt>ゲン</rt></ruby> <ruby>跳表<rt>ティアオビアオ</rt></ruby> <ruby>的<rt>ダ</rt></ruby> <ruby>不同<rt>ブートーン</rt></ruby>。

おつりが違います。
<ruby>找<rt>ジャオ</rt></ruby> <ruby>的<rt>ダ</rt></ruby> <ruby>錢<rt>チエン</rt></ruby> <ruby>不對<rt>ブードゥイ</rt></ruby>。

領收書をください。
<ruby>請<rt>チーン</rt></ruby> <ruby>給<rt>ゲイ</rt></ruby> <ruby>我<rt>ウォ</rt></ruby> <ruby>收據<rt>ショージュー</rt></ruby>。

ここでちょっと待っていてください。
<ruby>請<rt>チーン</rt></ruby> <ruby>在<rt>ザイ</rt></ruby> <ruby>這裡<rt>ジョーリー</rt></ruby> <ruby>稍<rt>シャオ</rt></ruby> <ruby>等一下<rt>ドンイーシャ</rt></ruby>。

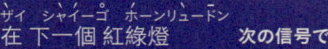

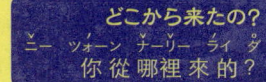

どこから来たの？
ニー ツォーン ナーリー ライ ダ
你 從 哪裡 來 的？

日本の東京から来ました。
ウォ ツォーン リーベン ドーンジーン ライ ダ
我 從 日本 東京 來 的。

台湾には何をしにきたの？
ニー ライ タイワン ズオ シェンモ
你 來 台灣 做 什麼？

旅行で来ました。／
友達に会いに来ました。
ライ リューシーン ダ／
來 旅行 的。／
ライ ジャオ ポンヨウ ダ
來 找 朋友 的。

おいしいお店を教えてください。
チーン ガオスー ウォ ハオチー ダ ツァンティーン
請 告訴 我 好吃 的 餐廳。

用語集

空車	メーター	渋滞	道路
コーンチョー	ティアオビアオ	サイチョー	ダオルー
空車	跳表	塞車	道路
高速道路	路地	歩道	信号
ガオスーゴーンルー	シャーンズ	レンシーンダオ	ホーンリュードン
高速公路	巷子	人行道	紅綠燈
交差点(十字路)	横断歩道	一方通行	Uターン
シーズールーコウ	バンマーシエン	ダンシーンダオ	ホイジュアン
十字路口	班馬線	單行道	迴轉
向こう側(対面)	こっち側	左折	右折
ドゥイミエン	ウォメンジョービエン	ズオジュアン	ヨウジュアン
對面	我們這邊	左轉	右轉

夜間の女性の1人利用は、安全のため流しのタクシーではなくホテルなどに頼んで手配してもらおう。

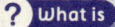

バス、YouBike
完全シミュレーション

『台北のバスと自転車』

バス路線は番号で区別されている。路線が多く複雑に見えるが、乗りこなせると長距離移動も可能で便利だ。バス停では目的の車両が来たら運転手に見えるよう手を挙げること。また、台北市などでは公共レンタサイクル「YouBike」が普及している。街散策に利用しよう。

乗車

○○行きのバス停はどこですか？
チーンウェン ヤオ ダオ ○○ ダ ゴーンチョージャンパイ ザイ ナーリー
請問 要 到 ○○ 的 公車站牌 在 哪裡？

このバスは九份に行きますか？
ジョーゴ ゴーンチョー ホイ ダオ ジウフェン マ
這個 公車 會 到 九份 嗎？

○○で降りたいです。
ウォ シャーン ザイ ○○ シャチョー
我 想 在 ○○ 下車。

○○に着いたら教えてください。
○○ ダオ ラ チーン ガオスー ウォ
○○ 到了 請 告訴 我。

**乗車中**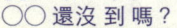
○○(停留所名)はまだですか？
○○ ハイメイ ダオ マ
○○ 還沒 到 嗎？

まだです。／もう過ぎました。
ハイメイ／イージーン グオラ
還沒。／已經 過了。

INFORMATION

ホテル

空港・機内

交通

お金

郵便

電話・ネット

数字・時間・暦

緊急トラブル

下車

運賃を払ってください。
チーン フー チョーズー
請 付 車 資。

乗るときに払いました。
シャーンチョー ダ シーホウ フー ラ
上 車 的 時候 付 了。

乗車時、下車時2回支払う
システムのバスもある

もう一度払ってください。
チーン ザイ フー イーツー
請 再 付 一 次。

HOW TO

✿ YouBikeに乗ってみよう ✿

この近くにYouBikeのステーションはありますか？
ジョー フージン ヨウ ユーバイク ジャン マ
這 附近 有 YouBike 站 嗎？

ブレーキが壊れています。
シャーチョーチー ホアイ ラ
煞 車 器 壞 了。

パンクしています。
ルンタイ バオタイ ラ
輪 胎 爆 胎 了。

YouBikeを借りてみよう!

❶自転車を確認

MRT駅付近などにあるYouBikeの駐輪ステーションに行き「Kiosk」と書かれた自動レンタル機を探す。

❷カード情報を入力

「單次租車」を選んでICチップ搭載のクレジットカードを差し込み「前往受權」「前往選車」のボタンを押す。

❸自転車をはずす

レンタルできる番号の自転車を選んだら90秒以内に駐輪ステーションから車輌を後方に取り出す。

❹返却する

空いている駐輪ステーションに戻したら、しっかりとロックされていることを確認すれば返却完了。

チェーン	ライト	サドル	ハンドル
チョーリェン	チョードン	ズオディエン	バーショウ
車鏈	車燈	座墊	把手

タイヤ(車輪)	カギ	ベル	スタンド
ルンタイ(チョールン)	ヤオシ	チョーリーン	ティーンチョージア
輪胎(車輪)	鑰匙	車鈴	停車架

関連ワード

👣 YouBikeをレンタルする際、2000元のデポジットが必要。

両替
完全シミュレーション

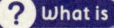

? What is 『両替』

両替のレートは日本でするよりも現地のほうがよいので、現地の両替所を利用したい。市内の銀行も使えるが土日・祝日は休みのことが多いので到着時に空港で行おう。Visaなど国際ブランドのクレジットカードがあれば、現地空港や街なかのATMでも台湾元が引き出せる。

両替中

両替所はどこですか？
チーンウェン ホアンチエン タ ディーファーン ザイ ナーリー
請問 換錢 的 地方 在 哪裡？

元（台湾ドル）に替えてください。
チーン ホアンチョン タイビー
請 換成 台幣。

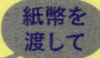
お金を渡して

細かくしてください。
チーン ホアンチョン シャオチャオ
請 換成 小鈔。

紙幣を渡して

BANK

100元（小銭）に替えてください。
チーン ホアンチョン イーバイユエン（リーンチエン）
請 換成 100元（零錢）。

小銭も混ぜてください。
イエ ホアン イーシエ リーンチエン
也 換 一些 零錢。

計算書をください。
チーン ゲイ ウォ ダンジュー
請 給 我 單據。

計算が間違っているようです。
ハオシャーン ジースアン ツオウーラ
好像 計算 錯誤了。

ATMの使い方

日本のクレジットカードを使って、台湾でもATMから現金を引き出すことができる。ATMの使い方をご紹介。

ATMはありますか？

ヨウ　エイティーエム　マ
有 ATM 嗎？

❶カードを挿入

ATMの挿入口にカードを入れる。言語を選択できる場合は「日本語」や「英語」を選ぶ。

日本語表示がない場合でも、英語表示はあるので、下記を参考にしながら操作しよう

口座	ACCOUNT
金額	AMOUNT
訂正	CLEAR
支払い	DISPENSE
預金	SAVINGS
取引	TRANSACTION
振り込み	TRANSFER
引き出し	WITHDRAWAL

❷種類を選ぶ

「そのほかのカード」を意味する「他行卡（OTHER CARD）」を選ぶ。

❸暗証番号「PIN」を入力する

日本でカード決済時に入力する4桁の数字を入力。不明な場合は渡航前にカード会社に確認を。

事前にPIN（暗証番号）をチェック

ATMから現金を引き出すときは、日本でカード決済の際に入力する4桁のPINが必要なので、不明な場合は問い合わせを。

❹「CREDIT ACCOUNT」を選ぶ

「信用卡帳戸（CREDIT ACCOUNT）」を選ぶ。デビット、トラベルプリペイドは「活期存款帳戸（SAVING ACCOUNT）」を選択。

❺金額を入力する

画面上の金額から希望の額を選ぶか、「其他金額（OTHER AMOUNT）」で直接入力してお金を受け取る。

用語集

交換率（レート）	サイン
ホイリュー 匯率	チエンミーン 簽名
紙幣	硬貨
ジーチャオ 紙鈔	イーンビー 硬幣
小切手	現金
ジーピアオ 支票	シエンジン 現金

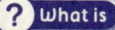

郵便局
完全シミュレーション

? What is 『郵便局』

おみやげを買い過ぎてスーツケースに荷物が入りきらない!? そんなときは郵便局のEMS（国際郵便）を利用するのもアリ。規定の規格（box1 ～5）に合わせた専用箱が売っているので窓口で購入して梱包しよう。基本的に営業は月～金曜の8:30～17:00で、土日・祝日は休み。

受付

これをEMSで日本に送りたいのですが。
ウォ シャーン ヨーン イーエムエス ジー ジョーゴ ダオ リーベン
我 想 用 EMS 寄 這個 到 日本。

グォジーシャオバオ	ハーンコーンヨウジェン	ハイユン
國際小包 国際小包	航空郵件 航空便	海運 船便

伝票を記入してください。
チーン ティエン ダンジュー
請 填 單據。

EMSの
場合

インボイスを書いてください。
チーン シエ シャーンイエファーピアオ
請 寫 商業發票。

箱をもらえますか？
コーイー ゲイ ウォ シャーンズ マ
可以 給 我 箱子 嗎？

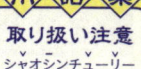
用 語 集

郵便局	ポスト	ハガキ	取り扱い注意
ヨウジュー	ヨウトーン	ミーンシンピェン	シャオシンチューリー
郵局	郵筒	明信片	小心處理
切手	**記念切手**	**小包**	**テープ**
ヨウピアオ	ジーニエンヨウピアオ	シャオバオ	ジアオダイ
郵票	紀念郵票	小包	膠帶
住所	**氏名**	**郵便番号**	**電話番号**
ディージー	シーンミン	ヨウディーチューハオ	ディエンホアハオマー
地址	姓名	郵遞區號	電話號碼

サイズを選んで購入してください。
チーン シュエン チーツン ビーン チーン ゴウマイ
請 選 尺寸 並 請 購買。

box1をください。
チーン ゲイ ウォ チャーンシーンビエンリーシャーン
請 給 我 長型便利箱。

ファーンシーンビエンリーシャーン		チャーンジューシーンビエンリーシャーン	
方型便利箱	box2	長柱型便利箱	box4
ジウシーゴーンフェンビエンリーシャーン		シャオシーンビエンリーシャーン	
90公分便利箱	box3	小型便利箱	box5

80元です。
バーシーユエン
80元。

中身は何ですか？
ネイロンウー シー シェンモ
内容物 是 什麼？

提出

おみやげです。
シー トゥーチャン
是 土産。

シーピン		リーンシー		グァーンディエ	シュー	
食品	食品	零食	お菓子	光碟	CD	書本
イーフー		リーヨーンピン		ホアジュアーンピン		
衣服	服	日用品	日用品	化妆品	化粧品	

何日くらいで届きますか？
ジーティエン ホイ ジーダオ
幾天 會 寄到？

イーシンチーズオヨウ	2、3日です。
1星期左右 1週間くらい	リアーンサンティエン
シーティエンズオヨウ	2~3天。
10天左右 10日くらい	
イーゴユエズオヨウ	
1個月左右 1カ月くらい	

郵便局のシンボルカラーといえば日本では赤だが台湾では緑。ポストも緑色のものもある。

電話・Wi-Fi
完全シミュレーション

? What is 『電話・Wi-Fi』

電話をかける際はホテルの客室、携帯電話、公衆電話などを利用しよう。公衆無線LAN「Taiwan」に登録すれば台湾各地の公共スペースに

て無料でWi-Fiに接続できる。公式サイト(https://itaiwan.gov.tw)で登録したあと、空港にある『旅客服務中心』でID発行を。

電話

公衆電話はどこにありますか?
ナーリー ヨウ ゴーンヨーン ディエンホア
哪裡 有 公用 電話?

もしもし、○○ですか?
ウェイ チーンウェン シー ○○ マ
喂,請問 是 ○○嗎?

私は○○です。○○さんをお願いします。
ウォ シー ○○ チーン ジャオ ○○ シエンショーン(シャオジエ)
我 是 ○○。請 找 ○○ 先生(小姐)。

日本語を話せる人はいますか?
ヨウ ホイ シュオ リーユイ ダ レン マ
有 會 說 日語 的 人 嗎?

もう少しゆっくり話してください。
チーン ザイ シュオ マン イーディエン
請 再 說 慢 一點。

ごめんなさい。間違えました。
ドゥイブーチー ウォ ノーン ツォ ラ
對不起。我 弄 錯 了。

日本へ国際電話をかけたいのですが。
ウォ シャーン ダー グオジー ディエンホア ダオ リーベン
我 想 打 國際 電話 到 日本。

HOW TO

国際電話のかけ方

台湾→日本の場合
002(国際電話識別番号)
+
81(日本の国番号)
+
0をとった相手の番号

日本→台湾の場合
010(国際電話識別番号)
+
886(台湾の国番号)
+
0をとった相手の番号

Wi-Fi レンタル

Wi-Fiルーターを受け取りたいのですが。
ウォ シャーン リーン ウーシエン ルーヨウチー
我 想 領 無線 路由器。

予約確認書とパスポートを見せてください。
チーン ラーン ウォ カン ユィユエチュエレンシュー ホー フージャオ
請 讓 我 看 預約確認書 和 護照。

Wi-Fiルーターを返却したいのですが。
ウォ シャーン グイホアン ウーシエン ルーヨウチー
我 想 歸還 無線 路由器。

返却証明書です。
ジョーシー グイホアンジョンミーンシュー
這 是 歸還 證明書。

フリー Wi-Fiを登録

フリーWi-Fiを利用したいのですが。
ウォ シャーン シーヨーン ミエンフェイ ワイファイ
我 想 使用 免費 Wi-Fi。

パスポートとメールアドレスをお願いします。
マーファン ゲイ ウォ フージャオ ホー ディエンズヨウジエン シンシャーン
麻煩 給 我 護照 和 電子郵件 信箱。

登録完了しました。
ドンジー ワンチョン ラ
登記 完成 了。

Wi-Fiが繋がりません。
ワイファイ ウーファー リエンジエ
Wi-Fi 無法 連接。

SIMカード購入

SIMカードを購入したいのですが。
ウォ シャーン ゴウマイ シム カー
我 想 購買 SIM卡。

設定をお願いします。
マーファン チーン ショーディーン
麻煩 請 設定。

📱 携帯電話での通話は料金が高額になる場合も。Wi-Fiをうまく使って連絡を取ろう。

数字・時間

漢字表記でわかりやすい数字も、繁体字や口頭だと複雑なので
気を付けよう。時間に関する単語もあわせてチェック！

数字

200元です。
リアーンバイユエン
200元。

503号室の○○です。
ウォ シー ウーリーンサンハオファーン ダ ○○
我 是 503號房 的 ○○。

リーン 0 零	シーイー 11 十一／拾壹	アルシーアル 22 二十二／貳拾貳	リュウシー 60 六十／陸拾
イー 1 一／壹	シーアル 12 十二／拾貳	アルシーサン 23 二十三／貳拾叁	チーシー 70 七十／柒拾
アル 2 二／貳	シーサン 13 十三／拾叁	アルシースー 24 二十四／貳拾肆	バーシー 80 八十／捌拾
サン 3 三／叁	シースー 14 十四／拾肆	アルシーウー 25 二十五／貳拾伍	ジウシー 90 九十／玖拾
スー 4 四／肆	シーウー 15 十五／拾伍	アルシーリュウ 26 二十六／貳拾陸	イーバイ 100 一百／壹百
ウー 5 五／伍	シーリュウ 16 十六／拾陸	アルシーチー 27 二十七／貳拾柒	イーチエン 1000 一千／壹千
リュウ 6 六／陸	シーチー 17 十七／拾柒	アルシーバー 28 二十八／貳拾捌	イーワン 10000 一万／壹萬
チー 7 七／柒	シーバー 18 十八／拾捌	アルシージウ 29 二十九／貳拾玖	イーイー 100000000 一億／壹億
バー 8 八／捌	シージウ 19 十九／拾玖	サンシー 30 三十／叁拾	リーンディエンイー 0.1 零點一
ジウ 9 九／玖	アルシー 20 二十／貳拾	スーシー 40 四十／肆拾	
シー 10 十／拾	アルシーイー 21 二十一／貳拾壹	ウーシー 50 五十／伍拾	

時間

午前8時15分の飛行機に乗ります。
ウォ ヤオ ダー シャーンウー バーディエン シーウーフェン ダ フェイジー
我 要 搭 上午 8點 15分 的 飛機。

午後6時に会いましょう。
シャウー リュウディエン ジエンミエン バ
下午 6點 見面 吧。

午後 シャウー 下午			午前 シャーンウー 上午

シーイーディエン
11時 十一點

シーアルディエン
12時 十二點

イーディエン
1時 一點

シーディエン
10時 十點

リアーンディエン
2時 二點

ジウディエン
9時 九點

サンディエン
3時 三點

バーディエン
8時 八點

スーディエン
4時 四點

チーディエン
7時 七點

ウーディエン
5時 五點

リュウディエン
6時 六點

○時 ○ディエン ○ 點

正午 ジョーンウー 中午

○分 ○フェン ○ 分

○秒 ○ミアオ ○ 秒

ウーシーウーフェン
55分 五十五分

リュウシーフェン
60分 六十分

ウーフェン
5分 五分

ウーシーフェン
50分 五十分

シーフェン
10分 十分

スーシーウーフェン
45分 四十五分

シーウーフェン
15分 十五分

スーシーフェン
40分 四十分

アルシーフェン
20分 二十分

サンシーウーフェン
35分 三十五分

アルシーウーフェン
25分 二十五分

サンシーフェン
30分 三十分

待ち合わせ時間 ユエディーンシージエン 約定時間	開店時間 カイディエンシージエン 開店時間	閉店時間 グアンメンシージエン 關門時間	○時間 ○シャオシー ○小時
○分間 ○フェンジョーン ○分鐘	○秒間 ○ミアオジョーン ○秒鐘	○時頃 ○ディエンズオヨウ ○點左右	○時ちょうど ガーンハオ○ディエン 剛好○點

小さな食堂などでは、その日の混雑度に合わせて閉店時間が変わることも多いので注意しよう。

193

INFORMATION

ホテル

空港・機内

交通

お金

郵便

電話・ネット

数字・時間・暦

緊急トラブル

季節・月・曜日・時期

南国のイメージだが、冬は上着が必要なほど気温が下がるなど、四季がある。
曜日の表記は日本語と大きく異なるのでご注意を。

春

暖かいです。
ヘン ヌアンホオ
很 暖和。

チュンティエン
春天

夏

暑いです。
ヘン ロァ
很 熱。

シャティエン
夏天

季節

チウティエン
秋天

ドーンティエン
冬天

涼しいです。
ヘン リアーン
很 涼。

寒いです。
ヘン ロン
很 冷。

秋

冬

月

 私の誕生日は6月18日です。
ウォ ダ ショーンリー シー リュウユエ シーバーハオ
我 的 生日是 6月 18號。

1月	2月	3月	4月	5月	6月
イーユエ	アルユエ	サンユエ	スーユエ	ウーユエ	リュウユエ
一月	二月	三月	四月	五月	六月
7月	8月	9月	10月	11月	12月
チーユエ	バーユエ	ジウユエ	シーユエ	シーイーユエ	シーアルユエ
七月	八月	九月	十月	十一月	十二月

時期

INFORMATION

ホテル

空港・機内

交通

お金

郵便

電話・ネット

数字・時間・暦

緊急トラブル

いつ台北に来ましたか？
ニー シェンモシーホウ ライ タイベイ ダ
你 什麼時候 來 台北 的？

おととい来ました。
チェンティエン ライ ダ
前天 來 的 。

来週の水曜日に日本に帰ります。
シャ シーンチーサン ホイ リーベン
下 星期三 回日本 。

おととい	昨日	明日	明後日
チェンティエン	ズオティエン	ミーンティエン	ホウティエン
前天	昨天	明天	後天
先週	今週	来週	先月
シャーンシーンチー	ジョーシーンチー	シャシーンチー	シャーンゴユエ
上星期	這星期	下星期	上個月
今月	来月	去年	今年
ジョーゴユエ	シャゴユエ	チューニエン	ジンニエン
這個月	下個月	去年	今年
来年	○日間	○週間	○カ月／○年
ミーンニエン	○ティエン	○ゴシーンチー	○ゴユエ／○ニエン
明年	○天	○個星期	○個月／○年

曜日

火曜日に予約したいのですが。
ウォ シャン ユイユエ シーンチーアル
我 想 預約 星期二 。

月曜日	火曜日	水曜日	木曜日
シーンチーイー	シーンチーアル	シーンチーサン	シーンチースー
星期一	星期二	星期三	星期四
金曜日	土曜日	日曜日	平日
シーンチーウー	シーンチーリュウ	シーンチーリー	ピーンリー
星期五	星期六	星期日	平日
休日	祝日	週末	夏休み
シウジアリー	ジエリー	ジョウモー	シュージア
休假日	節日	週末	暑假

梅雨は中国語で「梅雨（メイユィ）」。台湾では5～6月頃にあたり、この時期は降水量が多い。

195

祝日・記念日

台湾では旧暦にもとづく祝日が多い。
特に「春節」や「中秋節」の前後は大型連休になるので旅行時は注意しよう。

新暦の元日もお休み

国定休日 元旦 (中華民国開国記念日)

ユエンダン
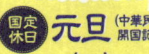
（ジョーンホアミングオカイグオジーニエンリー）

元旦 (中華民國開國紀念日)

1月1日

新暦の元旦。1912年の1月1日に孫文が総統に就任し、中華民国臨時政府が成立した。

約1週間の大型連休に

国定休日 旧正月

チュンジエ

春節

旧暦1月1日

旧暦の1月1日。旧暦の大晦日の「除夕（チューシー）」から5日間ほど休日になり正月を祝う。

ランタンでお祝い

元宵節

ユエンシャオジエ
元宵節

旧暦1月15日

旧暦の新年最初の満月。台湾の各地でランタンフェスティバルが開催される。

追悼式典が開かれる

国定休日 和平記念日

ホーピーンジーニエンリー
和平紀念日

旧暦2月28日

1947年2月28日に発生した二二八事件の記念日。平和を祈る追悼式典などが開かれる。

孫文の逝去記念日

植樹節

ジーシュージエ

植樹節

旧暦3月12日

中華民国建国の父・孫文の命日。孫文の意志を継承する意味を込めて、毎年植樹活動が行われる。

媽祖廟で祭りを開催

媽祖の誕生日

マーズーダンショーンリー
媽祖誕生日

旧暦3月23日

航海や漁業の守護女神・媽祖の誕生を祝い、媽祖を祀る各地の廟で祭りが開催される。

翌日と合わせて連休に

国定休日 児童節

アルトーンジエ

兒童節

4月4日

子どもの日。翌日の清明節と合わせて連休となり、台湾全土の観光地が混み合う。

先祖の墓参りをする日

国定休日 清明節

チーンミーンジエ（ミンズーサオムージエ）

清明節 (民族掃墓節)

4月5日

家族で集まり祖先の墓参りや、お墓の掃除をする。台湾式春巻き・潤餅を食べる習慣がある。

ちまきを食べる習慣も

国定休日 端午節

ドワンウージエ

端午節

旧暦5月5日

家族で集まり祖楚の王に追放され入水自殺した屈原の命日。台湾各地でドラゴンボートレースが開催される。

INFORMATION

i

ホテル

空港・機内

交通

お金

郵便

電話・ネット

数字・時間・暦

緊急トラブル

暦　台湾の祝祭日には新暦（西暦）にもとづくものと旧暦にもとづくものがある。そのほか、独自の中華民国暦（P.118）も使用されている。

新暦	旧暦	民国暦
新暦 ゴーンリー 公暦	**旧暦** ノーンリー 農暦	**中華民国暦** ジョーンホアミングオリー 中華民國曆

台湾では年2回!?

バレンタインデー

チーンレンジエ
情人節

`2月14日、旧暦7月7日`

台湾にはバレンタインデーにあたる「情人節」が旧暦の七夕と、新暦2月14日の2回ある。

日本のお盆にあたる日

中元節

ジョーンユエンジエ
中元節

`旧暦7月15日`

下界をさまよう先祖の霊魂が最も多いとされる日。店や家屋の軒先にお供えや線香が並ぶ。

客家系民族の伝統祭

客家義民節

コージアイーミンジエ
客家義民節

`旧暦7月15日`

客家系の人たちの「義民祭（イーミンジー）」が開催され、ランタン流しなどの儀式を行う。

台湾の"パパ"の日

父の日

フーチンジエ
父親節

`8月8日`

台湾語の「パパ」と数字の「88」の発音が同じなためこの日に制定。母の日は日本同様に5月。

月餅を贈り合う習慣も

国定休日 # 中秋節

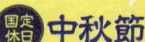

ジョーンチウジエ
中秋節

`旧暦8月15日`

中秋の満月を家族団らんに例え、家族で集まって過ごす。春節と同様の大型連休になる。

孔子の生誕祭を開催

先生の日

ジアオシージエ
教師節

`9月28日`

孔子の誕生日を新暦に換算した日に制定。国定休日ではないが全国の孔子廟で儀式が行われる。

中華民国の建国を祝う

国定休日 # 国慶節

グオチーンリー
國慶日

`10月10日`

1911年の辛亥革命を記念する祝日。各地で中華民国の樹立を祝う式典が開催される。

日本統治の終了を記念

光復節

グアーンフージエ
光復節

`10月25日`

1945年に台湾における日本統治が終了し、中華民国へ編入されたことを記念する日。

憲法制定記念日と同日

クリスマス

ショーンダンジエ
聖誕節

`12月25日`

街がクリスマスムードに包まれる。中華民国憲法の制定を記念する憲法記念日でもある。

 端午節のボートレースは、漁民が太鼓を鳴らしながら舟で屈原を探したという故事にもとづいている。

緊急・トラブル

治安はよいが、ひったくりや夜市でのスリ被害なども報告されている。
いざというときに知っておきたいひと言を学んでおこう。

＼ 緊急のひと言 ／

助けて！
ジウミーン　ア
救命 啊！

心配しないで。
ブーヤオ　　ダンシン
不要 擔心。

必要ありません！
ブー　シューヤオ
不 需要！

やめて！
ビエ　ジョーヤーン
別這様！

その男を捕まえて！
ジュアジュー　ナーゴ　ナン　ダ
抓住 那個男的！

落ち着いてください。
チーン　ロンジーン
請 冷靜。

早く！
クアイ　イーディエン
快 一點！

◇ 用 語 集 ◇

火事	地震	痴漢	スリ	泥棒
ホオザイ	ディージャン	ソーラーン	パーショウ	シャオトウ
火災	地震	色狼	扒手	小偸

遺失物センター	車内、構内で忘れ物をしたら、MRT台北駅の遺失物センターへ。	交流協会	台湾には日本大使館がなく、公益財団法人交流協会が大使館業務を代行している。
イーシーウージョーンシン		ジアオリュウシエホイ	
遺失物中心		交流協會	

状況説明

パスポートをなくしました。
ウォ イーシー フージャオ ラ
我 遺失 護照 了。

だまされました。
ベイ ピエン ラ
被 騙 了。

バッグを盗まれました。
ピーバオ ベイ トウ ラ
皮包 被 偷 了。

タクシーにバッグを置き忘れました。
ピーバオ ウーン ザイ ジーチョンチョーリー ラ
皮包 忘 在 計程車裡 了。

チエンバオ　　　ショウジー
錢包 財布　手機 携帯電話

ファンディエンダヤオシ
飯店的鑰匙 ホテルの鍵

ジャオシャーンジー　　ジーピアオ
照相機 カメラ　機票 航空券

シンヨーンカー
信用卡 クレジットカード

お願い・質問

日本語を話せる人はいますか?
ヨウメイヨウ レン ホイ シュオ リーウェン
有沒有 人 會 說 日文?

この番号に電話してください。
チーン ダー ディエンホア ダオ ジョーゴ ハオマー
請 打 電話 到 這個 號碼。

見つかり次第ホテルに連絡してください。
イー ジャオダオ チーン ホー ファンディエン リエンルオ
一 找到 請 和 飯店 聯絡。

救急車を呼んでください。
チーン ジアオ ジウフーチョー
請 叫 救護車。

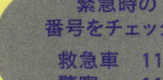

緊急時の
番号をチェック!

救急車　119
警察　　110

警案に連絡してください。
チーン リエンルオ ジーンチャー
請 聯絡 警察。

盗難証明書(事故証明書)を書いてください。
チーン シエ ダオナンジョンミーンダン(シーグージョンミーンダン)
請 寫 盜難證明單(事故證明單)。

和 ▶▶▶ 中 単語帳

本書に登場したおもな単語を日本語から引ける便利な単語帳。
会話の際に入れ替えたり、指さして示したり、目的に合わせて活用して。

あ あさって
ホウティエン
後天

味
ウェイダオ
味道

明日
ミーンティエン
明天

アズキ
ホーンドウ
紅豆

温かい
ウェン
温

熱い
ロァ
熱

甘い
ティエン
甜

い イカ
ホアジー
花枝

〜行き
ウァン
往

行く
ゾウ／チュー
走／去

痛い
トーン
痛

イチゴ
ツァオメイ
草莓

いつ
シェンモシーホウ
什麼時候

一緒に
イーチー
一起

色
イエンソー
顔色

う 占い師
スアンミーンシー
算命師

烏龍茶
ウーローンチャー
烏龍茶

え 駅／鉄道駅
ジャン　ティエルージャン
站／鐵路站

エビ
シャズ／シャレン
蝦子／蝦仁

選ぶ
シュエン
選

エレベーター
ディエンティー
電梯

お 多い
ドゥオ
多

お菓子
ディエンシン
點心

お粥
ジョウ／シーファン
粥／稀飯

送る
ジー
寄

遅れる
ウン
晩

教える、伝える
ガオスー
告訴

おしぼり
シージン
濕巾

(動物の)オス
ゴォーンタ
公的

おすすめ
トゥイジェン
推薦

おつり
ジャオダチエン
找的錢

おととい
チエンティエン
前天

同じ
イーヤーン
一樣

お守り ウーシェンフー 護身符	カッコいい シュァイ 帥	(鉄道の)切符 チョーピァオ 車票 
おみやげ トゥーチャン 土産	カップ ベイズ 杯子	切符売り場 ショウピァオチュー 售票處
お湯 ロァシュイ 熱水	カニ パンシェ 螃蟹	昨日 ズオティエン 昨天
オレンジ ジューズ 橘子	紙ナプキン シージン 紙巾	ギフト リーウー 禮物
温泉 ウェンチュエン 温泉	カメラ ジャオシャーンジー 照相機	気分が悪い ブーシューフー 不舒服
か 会計 マイダン/ジェジャーン 買單/結帳	柄 ホテヤーン 花様	気持ちいい シューフー 舒服
改札 ジェンピァオコウ 剪票口	辛い ラー 辣	キャベツ ガオリーツァイ 高麗菜
買う マイ 買	カラスミ ウーユイズー 烏魚子	キャンセル/チケット取消 チューシャオ/トゥイピァオ 取消/退票
鍵 ヤオシ 鑰匙	かわいい ユーアイ 可愛	救急車 ジゥフーチョー 救護車
かき氷 パオビーン 刨冰	考える カオリュー 考慮	旧正月 チュンジェ 春節
書く シェ 寫	観光 グァングァン 觀光	急須 チャーフー 茶壺
かご ランズ 籃子	漢方薬 ジョーンヤオ 中藥	牛肉 ニゥロウ 牛肉
風邪 ガンマオ 感冒	き キウイ チーイーグォ 奇異果	着る チュアン 穿
硬い イーンダ 硬的	切手 ヨウピァオ 郵票	禁止 ジンジー 禁止

く グアバ
バーラ
芭樂

空港
ジーチゥャーン
機場

薬
ヤオ
藥

果物
シュイグオ
水果

口紅
コウホーン
口紅

靴
シエヌ
鞋子

クッキー
ビンガン
餅乾

グラス
ベイヌ
杯子

クリスマス
ショーンタンジエ
聖誕節

クリーム
ルーシュアーン
乳霜

来る
ライ
來

クルミ
フータオ
胡桃

クレジットカード
シンヨーンカー
信用卡

グレープフルーツ
プータオヨウ
葡萄柚

け 警察
ジンチャー
警察

携帯電話
ショウジー
手機

ケーキ
ダンガオ
蛋糕

化粧水
ホアジュアーンシュイ
化妝水

化粧品
ホアジュアーンピン
化妝品

(空港の)ゲート
ドンジーコウ
登機口

こ 効果
シャオグオ
效果

効果がある
ヨウシャオ
有效

合計
イーゴーン
一共

紅茶
ホーンチャー
紅茶

午後
シャウー
下午

ココア
ゴーゴー
可可

ココナッツ
イエヌ
椰子

午前
シャーンウー
上午

小包
シャオバオ
小包

コーヒー
カーフェイ
咖啡

コンサート
イエンチャーンホイ
演唱會

さ サイズ
チーツン
尺寸

サイダー
チーシュイ
汽水

財布
チエンバオ
錢包

探す
ジャオ
找

魚
ユイ
魚

ザクロ
シーリュウ
石榴

座席
ウェイヌ
位子

サツマイモ
ディーグア
地瓜

砂糖
ターン
糖

皿
バンヌ
盤子

サンダル
リアーンシエ
涼鞋

サンドイッチ サンミーンシー 三明治	(フルーツの)ジャム グオジァーン 果醬	シングルルーム タンレンファーン 單人房
し 時間 シージエン 時間	シャンプー シーファシーン 洗髪精	信号 ホーンリューデン 紅緑燈
試飲・試食する チャーン 嘗	住所 ディージー 地址	新鮮な シンシェン 新鮮
～したい シャーン 想	終電、終バス モーバンチョー 末班車	新聞 バオシー 報紙
下着 ネイイー 内衣	シュウマイ シャオマイ 燒賣	す 酢 ツー 醋
試着する シーチュアン 試穿	ジュース グオジー 果汁	スイカ シーグア 西瓜
知っている シーダオ 知道	出発する チューファー 出發	スカート チュンヌ 裙子
シートベルト アンチュエンタイ 安全帯	種類 ジョーン 種	好き シーホァン 喜歡
始発 ショウバンチョー 首班車	生姜 ショーンジアーン 生薑	すぐ マーシャーン 馬上
渋い ソー 澀	紹興酒 シャオシーンジウ 紹興酒	少し ヨウディエン 有點
シャカトウ シージア 釋迦	醤油 ジアーンヨウ 醬油	スターフルーツ ヤーンタオ 楊桃
写真 ジャオシャーン 照相	小籠包 シャオローンバオ 小籠包	頭痛 トウトーン 頭痛
写真を撮る バイジャオ 拍照	しょっぱい シエン 鹹	酸っぱい ステン 酸
ジャスミン茶 モーリーホアチャー 茉莉花茶	署名(サイン) チエンミーン 簽名	スープ ターン 湯

203

スプーン ターンチー **湯匙**	助ける バーン **幫**	チョコレート チアオコーリー **巧克力**
スリ パーシォウ **扒手**	タピオカ ジェンジュー **珍珠**	**つ** ツインルーム シュアーレンファーン **雙人房**
座る ズォ **坐**	食べる チー **吃**	使う ヨン **用**
せ 石けん フェイザオ **肥皂**	卵 ターン **蛋**	着く タオ **到**
セットメニュー タオツァン **套餐**	誕生日 ショーンリー **生日**	作る ズォ **做**
セール パイマイ **拍賣**	**ち** チェックアウト トゥイファーン **退房**	**て** Tシャツ ティーシュー **T恤**
洗顔料 ジェミエンルー **潔面乳**	(ホテルの)チェックイン ジューファーン ショウシュー **住房 手續**	～できる ホイ **會**
センチメートル ゴーンフェン **公分**	チケット ピアオ **票**	デザイン クアンシー **款式**
そ 掃除する ターサオ **打掃**	チャイナドレス チーパオ **旗袍**	テーブル ジュオズ **桌子**
即席麺 スーシーミエン **速食麺**	茶器 チャージュー **茶具**	テレビ ディエンシー **電視**
た だいたい ズォヨウ/ターガイ **左右／大概**	茶葉 チャーイエ **茶葉**	展望台 ジャンウーンタイ **展望台**
タオル マオジン **毛巾**	チャーハン チャオファン **炒飯**	電話 ディエンホア **電話**
(値段が)高い グイ **貴**	注文する ディエン **點**	**と** トイレ シーショウジエン/ツォースォ **洗手間／廁所**
タクシー シーチョンチョー **計程車**	朝食 ザオツァン **早餐**	トイレットペーパー ウェイショーンジー **衛生紙**

豆腐
ドウフ
豆腐

トウモロコシ
ユィミー
玉米

どこ
ナーリー
哪裡

トースト
トゥースー
土司

とても
フェイチャーン
非常

トマト
ファンチエ
蕃茄

泊まる
ジュー
住

ドライフルーツ
シュイグオガン
水果乾

ドラゴンフルーツ
ホオローングオ
火龍果

鶏肉
ジーロウ
雞肉

泥棒
シャオトウ
小偷

な 長い
チャーン
長

なくす
イーシー
遺失

ナツメ
ヌァオヌ
棗子

に 苦い
クー
苦

肉
ロウ
肉

肉まん
ロウバオ
肉包

荷物
シーンリー
行李

入国カード
ルーシーンカー
入境卡

入場券
メンピオ
門票

人気の
ロァーメン／ヨウレンチー
熱門／有人氣

ぬ ヌガー
ニウジャーターン
牛軋糖

ね ネギ
ツォーン
蔥

の ノート
ビージーベン
筆記本

飲み物
インリアオ
飲料

飲む
ホー
喝

乗り換え
ホアンチョー
換車

は パイナップル
フォンリー
鳳梨

パイナップルケーキ
フォンリースー
鳳梨酥

ハガキ
ミーンシンピエン
明信片

パクチー
シャーンツァイ
香菜

箱
シャーンズ
箱子

箸
クァイズ
筷子

ハスの実
リエンズ
蓮子

パスポート
フージャオ
護照

パスワード
ミーマー
密碼

バス停
ゴーンチョージャンパイ
公車站牌

ハチミツ
フォンミー
蜂蜜

バッグ
ピーバオ
皮包

パッションフルーツ
バイシャーングオ
百香果

話す
シュオ
説

バナナ
シャーンジアオ
香蕉

パパイヤ ムーグァ 木瓜	ファンデーション フェンディー 粉底	返品 トゥイホオ 退貨
早く クァイ 快	フェリー乗り場 ドゥーチュアンマートウ 渡船碼頭	ⓑ ボタン コウズ 釦子
払う フゥー 付	フカヒレの姿煮 ホーンシャオパイチー 紅燒排翅	ホテル ファンディエン 飯店
バレンタインデー チーンレンジエ 情人節	服 イーフー 衣服	本 シュー 書
パン ミエンバオ 麵包	袋 タイズ 袋子	翻訳する ファンイー 翻譯
番号 ハオマー 號碼	豚肉 ジューロウ 豬肉	ⓜ 間違える ツオ 錯
ハンバーガー ハンバオ 漢堡	ブドウ プータオ 葡萄	待つ ドン 等
パンフレット ジエンジエ 簡介	フラッシュ シャングァーンドン 閃光燈	マッサージ アンモー 按摩
ⓗ 飛行機 フェイジー 飛機	プラットホーム ユエタイ 月台	窓 チュウーンフー 窗戸
ピーナッツ ホアショーン 花生	プラム リーズ 李子	マニキュア ジージアヨウ 指甲油
ビニール袋 スージアオタイ 塑膠袋	プリン プーディーン 布丁	麻婆豆腐 マーポードウラ 麻婆豆腐
ビーフン ミーフェン 米粉	(ホテルの)フロント グイタイ 櫃台	マンゴー マーンクォ 芒果
ビール ピージウ 啤酒	文房具 ウェンジュー 文具	満席 コーマン 客滿
ⓕ プーアル茶 プーアルチャー 普洱茶	ⓗ 部屋 ファーンジエン 房間	ⓜ 短い ドァンタ 短的

水
シュイ
水

水着
ヨーンイー
泳衣

ミネラルウォーター
クアーンチュエンシュイ
礦泉水

見る
カン
看

ミルク
ニウナイ
牛奶

ミルクティー
ナイチャー
奶茶

む 無料
ミエンフェイ
免費

め (動物の)メス
ムーダ
母的

メートル
ミー
米

メニュー
ツァイダン
菜單

メールアドレス
ディエンズヨウジエン
電子郵件

メロン
ハーミーグア
哈密瓜

免税
ミエンシュイ
免税

も もし
ルーグオ
如果

や 野菜
シューツァイ
蔬菜

安い
ピエンイー
便宜

やわらかい
ルアン
軟

友人
ポンヨウ
朋友

郵便局
ヨウジュー
郵局

よ 羊肉
ヤーンロウ
羊肉

呼ぶ
ジアオ
叫

予約、予約する
ユイユエ
預約

ら ライチ
リージー
荔枝

ライム
ライムー
萊姆

ラー油
ラーヨウ
辣油

り 両替する
ホアンチエン
換錢

料金
フェイヨーン
費用

領収書
ショウジュー
收據

緑茶
リューチャー
綠茶

旅行
リューシーン
旅行

リンゴ
ピングオ
蘋果

リンス
ルンスージーン
潤絲精

れ レジ
グイタイ／ショウインタイ
櫃台／收銀台

レシート
ファーピアオ
發票

レストラン
ツァンティーン
餐廳

列車
リエチョー
列車

レモン
ニーンモン
檸檬

れん乳
リエンルー
煉乳

レンブ
リエンウー
蓮霧

わ Wi-Fiルーター
ウーシエンルーヨウチー
無線路由器

忘れる
ウーン
忘

割引
ジョーコウ
折扣

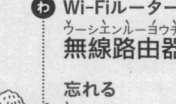

STAFF

監修
株式会社ECC

ECCは1962年に創業以来、総合教育・生涯学習機関として様々な
教育活動を展開。50余年に亘る実績と信頼に強みを持ち、外国語
教室市場でシェアNo.1※。幼児からシニア世代までを対象に独自の
カリキュラムや教材で確かな成果を実現。ECC外語学院では中国
語コースも開講。初心者向けのトライアルレッスンからビジネス中
国語やマンツーマンまで、個々のレベルや目的に対応している。
http://chinese.ecc.jp/
※「語学ビジネス徹底調査レポート2014」矢野経済研究所

編集制作
omo!（土田理奈、後藤涼子）　金井千絵　菅沼佐和子　李璧如

写真協力
陳柔伊　ミヤジシンゴ　日高奈々子　何昌益　陳小剛
熊谷俊之　張哲倫

表紙・本文デザイン
ma-h gra（山谷吉立、椎名久美子、薮田京太郎、
西澤幸恵、福原友規、藤原裕美、志賀裕子、
田村祥吾、田中清賀、河西葉月、朴志蕙）

本文イラスト　ナカオ☆テッペイ

マンガ　おたぐち

企画・編集　鈴木晴奈（朝日新聞出版）

ハレ旅会話 台湾 中国語
（たびかいわ たいわん ちゅうごくご）

監　修　　株式会社ECC
発行者　　橋田真琴
発行所　　朝日新聞出版
　　　　　〒104-8011　東京都中央区築地5-3-2
　　　　　電話　（03）5541-8896（編集）
　　　　　　　　（03）5540-7793（販売）
印刷所　　大日本印刷株式会社
©2016 Asahi Shimbun Publications Inc.
Published in Japan by Asahi Shimbun Publications Inc.
ISBN 978-4-02-333913-2

☀ **わたしのハレ旅会話**

ここまで行ってください。
チーン　ダオ　ジョーリー
請 到 這裡。

台湾の便利な移動手段、タクシー。漢
字で住所を番地まで書いて運転手さん
に見せながら「請到這裡」と言ってみま
しょう。カーナビ搭載の車輛がほとん
どなので、目的地まで迷うことなく連
れて行ってくれるはず。「請」は英語の
「プリーズ」と同じ意味で、単独でも使
えるとても丁寧なフレーズです。
　　　　　　　　　　　　　　　金井千絵

- - - - - - - - - - - - - - - - - -

テイクアウトします。
ウォ ヤオ ウイダイ
我 要 外帶。

ドリンクはもちろん、麵類やかき氷、
小籠包まで、何でもテイクアウトでき
ちゃう"外帶天国"な台湾。「一人旅だ
とレストランに入りづらい…」という人
も、「外帶」すればホテルの部屋で本場
の味を楽しめます♪　また、お店で食
べきれなくなったときに使いたいのが
「打包（ダーバオ）」。こう伝えれば持ち
帰り用に包んでもらえて便利です。
　　　　　　　　　　　　　　　後藤涼子